قدمان أسفل سطح الحياة

قدمان أسفل سطح الحياة

أحمد عبد الله عطية العمور

دار جامعة حمد بن خليفة للنشر
HAMAD BIN KHALIFA UNIVERSITY PRESS

دار جامعة حمد بن خليفة للنشر
صندوق بريد 5825
الدوحة، دولة قطر

www.hbkupress.com

الطبعة العربية الأولى عام 2022

الترقيم الدولي: 9789927155871

تمت الطباعة في الدوحة-قطر.

مكتبة قطر الوطنية بيانات الفهرسة – أثناء – النشر (فان)

العمور، أحمد عبد الله عطية، 1987- مؤلف

قدمان أسفل سطح الحياة / أحمد عبد الله عطية العمور. – الطبعة العربية الأولى. – الدوحة، دولة قطر : دار جامعة حمد بن خليفة للنشر، 2022.

صفحة ؛ سم.

تدمك: 978-992-715-587-1

1. القصص العربية -- القرن 21. 2. القصص العاطفية. 2. الروايات. أ. العنوان.

PJ7914.M587 Q23 2022

892.737 -dc23

202228327536

الفصل الأول

الحلم

عزيزتي سارة...

أخشى أن أستيقظ يومًا من هذا الحلم! أنا لا أبالغ يا سارة، ولكنني ما زلت غير مصدق! وكل ذرة من عقلي تنكر وترفض الإقرار بأني أعيش واقعًا فعليًّا! ما زلت أظن بأن ما أعيشه قد يكون حلمًا ورديًّا جميلًا؛ وربما كان جسدي الآن، وأنا أكتب لك هذه الكلمات، غارقًا في نوم عميق! أو تحت تأثير أحلامي وسحر أوهامي بأني انتقلت إلى جنة عذراء في بقعة متوارية في مكان ما على هذا الكوكب، تشرق عليها شمس غير شمسنا!

ولكنني يا سارة، ورغم كل هذه الشكوك الساذجة التي تراودني، أقبل هذا الخداع بكل رحابة صدر. نعم أنا راضٍ بأن أغرق في أحلامي وأوهامي البصرية والحسية! فإن كان هذا حلمًا فسأرضى، وصدقيني سأعيش هذا الحلم إلى أقصى حدوده، أما إذا كانت تلك الرسائل التي تصلني منك حقيقة وليست وهمًا، فصدقي يا سارة، ودون أدنى مقدار من المبالغة، أني لا أظن أن هناك من سيكون أسعد مني!

عزيزتي سارة، سأبذل جهدي في كتابة كل التفاصيل بإسهاب قدر استطاعتي كما طلبتِ. ولكن يجب أن تعلمي أن خجلي من حياتي الرتيبة والمملة هو ما جعلني أتردد في الكتابة كثيرًا! فقد تعثر قلمي مرات كثيرة في أثناء الكتابة، ولم أجد شيئًا يستحق الذكر! لهذا أرجو منك أن تغضِّي نظرك عن الأحداث المملة، وأن تحاولي قدر المستطاع منع الضجر من التسلل إليك.

استيقظت اليوم إنسانًا! أجل، لا تستغربي قولي هذا ولكنها الحقيقة! ودعيني أوضح لك ما أقصد؛ فقد راودني شعور غريب فور أن تركت فراشي، كان شعورًا مبهجًا، شعورًا باعثًا على الحياة! لم أفهم هذا الشعور في البداية،

ولكنه كان كفيلًا بأن يدفعني كي أعد فطوري على نغمات أغنية قديمة لا أتذكر كلماتها، ولكنَّ لحنها ما زال عالقًا في رأسي! كنت أدندن اللحن وأهز رأسي طربًا. أسعدتني تلك الأغنية، وكنت أنشدها مع والدتي عندما كنت طفلًا صغيرًا لا يلقي بالًا للحياة ومشقتها، بل جُل ما كان يشغله ملء معدته أولًا، ثم الانطلاق خارج حدود المنزل لاستكشاف العالم! شغلني هذا الأمر في أثناء تناولي للفطور يا سارة، عندما قفز هذا اللحن السعيد إليَّ اليوم! فما الذي حفز عقلي لاستخراج هذه الذكرى الجميلة من أرشيفه؟

أهذا الشعور المبهم الذي يعتريني الآن شبيه بالسعادة المطلقة التي كنت أشعر بها في أثناء طفولتي، حالي كحال أي طفل آخر؟! أهذا سبب تذكري لهذا اللحن؟ ألِأنَّ عقلي ربط بين شعوري المبهم هذا وبين اللحن السعيد المستمد من مشاعر طفولتي السعيدة؟!

يا إلهي، كم أشعر بخفة عجيبة في جسدي، وبنشاط غامر يعينني على الركض ليوم كامل دون توقف! هناك شيء مختلف! أجل يا سارة... شيء في داخلي قد استيقظ، ولا أدري ما هو بالتحديد! ولكنني أشعر به بكل وضوح، وأراه في كل ما تقع عليه عيناي!

لم يتوقف هذا الشعور المبهم عند هذا الحد! اختلفت زوايا رؤيتي لما تزخر به الحياة، فأصبح كل ما فيها أجمل وأسهل وألطف؛ بل تسرب هذا الشعور إلى أصغر تفاصيل حياتي! آه يا سارة، فكوب القهوة الصباحية لم أستمتع بمذاقه يومًا مثلما استمتعت به هذا الصباح، وارتشفت قهوتي وأنا أحدق من الشرفة متهللًا، وتملأ وجهي ابتسامة مردُّها القناعة بما أملك! وأسرتني السماء المعتمة، هل لك أن تتخيلي ذلك؟! من كان ليظن بأن هناك من يرى في الظلام جمالًا؟! كان البرد قارسًا ولكن رشفات القهوة الساخنة أمدت جسدي وروحي بالدفء! والكنبة القاسية التي اعتدت التذمر منها،

تحولت بقدرة قادر في أثناء الليل ربما، إلى غيمة ملكية لا يشعر المرء بوجودها إذا ما جلس عليها!

وتمامًا كعادتي، تركت الشقة مع الشروق للذهاب إلى العمل؛ وما إن وقعت عيناي على السماء بعد أن تجاوزت البناية، حتى أصابتني قشعريرة هزت أعماق روحي. وقفت منبهرًا وعاجزًا عن الحراك يا سارة! أقسم لكِ بأني لم أرها يومًا بهذا الجمال، رغم أني أراها كل يوم، ورغم أني أعلم يقينًا بأنها هي نفسها السماء التي رأيتها بالأمس وقبل أمس وقبله، إلا أنها كانت مختلفة إلى حدٍّ كبير جدًّا هذا الصباح! للمرة الأولى لم أرَ ألوانها فقط، بل شعرت بها أيضًا. أرجوك يا سارة لا تطلبي مني تفسيرًا، لأني ما زلت عاجزًا عن فهم ما جرى، وكيف شعرت بألوانها وأنا أراها!

ليتكِ رأيتِ ذلك القرص الشمسي اليافع قبل أن يظهر بكل توهجه، وقبل أن تعجز العين عن النظر إليه، متوسطًا ذلك البساط البرتقالي الناري الممتد مع امتداد الأفق، وتليه زرقة السماء التي تصارع ما تبقى من الظلام لتزيحه، ثم تلك السحب المتقطعة التي يلوِّن بعضها سحر الشفق الأصفر المائل للحمرة في لوحة خلابة تحبس الأنفاس.

إن قلت لكِ إن شروقًا آخر قد حدث مع شروق الشمس تمامًا؟ كان شروقًا داخليًّا أنار صدري المعتم يا سارة، أكنت ستصدقينني؟! إن قلت لكِ إن قلبي انشرح وامتلأ بألوان السماء التي نفذت إلى وجداني، وشعرت بتأثير كل لون على حدة وأحسست به! أكنت ستصدقينني؟!

آه يا عزيزتي سارة، لقد حولت عقولنا البائسة هذا العالم الواسع والبسيط إلى مكان مليء بالعقد والعقبات، وها هي تضيق به صدورنا!

التقيت حارس البناية بالقرب من المدخل، وكان حاشرًا كفيه في جيبيْ سرواله، ورافعًا ياقة سترته كي يخبئ رقبته من برد الصباح، فابتسم لي ثم قال مازحًا:

«ستتجمد قبل أن تصل إلى عملك!»

وكنت قد نسيت ارتداء سترتي من شدة غرابة ما يحدث لي، فقلت له محرجًا:

«أجل، ربما، ولكنني لا أمانع! أريد الاستمتاع بالشتاء قدر المستطاع، فصيف دبي الحارق ينتظرنا».

وافقني الحارس، وردَّ قائلًا:

«معك حق».

آه يا سارة، كان صباحًا جميلًا إلى درجة أني توقفت في طريقي عدة مرات؛ فقد شاركت أولئك الفتية لعبهم وشغبهم البريء في أثناء انتظارهم حافلة المدرسة؛ ولم يسلم أي رضيع يرافق أمه التي تمارس رياضة المشي الصباحية من مداعبة وفركة خدٍّ من يدي! لا أدري كيف وجد الطفل الذي في داخلي طريقه للخروج والاحتكاك بالعالم الخارجي؟ لا أدري من أين أتتني هذه البهجة وهذا النشاط وتلك الحيوية؟ ولكنني مثلما قلت لكِ سابقًا، أرى كل شيء أمامي أجمل وأسهل وألطف.

أود التحليق مع الحمام الذي يتنقل فوقي بحرية من مبنى إلى آخر؛ لولا حرجي يا سارة لبدأت بالرقص والالتفاف حول نفسي كراقص تانغو في أثناء سيري على الطرقات! ولكِ أن تتخيلي ردة فعل الآخرين وأنا أدور بينهم وأتخبط كالأحمق!

يا إلهي، لم أشعر بالحياة يومًا كما أشعر بها الآن! ولا أدري كيف صبرت وتحملت حياتي الجامدة في السابق؟! ولا أدري كيف سأكمل حياتي إن فقدت هذا الشعور؟! وهل يحق للإنسان أن يعترض على حياته؟ وماذا لو قلت إني أرفض الحياة بعد الآن إن لم تستند على شعور كهذا يا سارة؟!

أخذت مكاني في مكتب الاستقبال -فأنا أعمل في شركة شبه حكومية لتخليص المعاملات- وكنت ما زلت أدندن أغنية الصباح وتعلو وجهي

ابتسامة عريضة لم تفارقني طوال ساعات العمل؛ وما إن بدأ العملاء بالتوافد حتى انخرطت في مهامي بكل جوارحي، وبكل ما تعنيه العبارة من إخلاص، فأجيب على تساؤل هذا، وأرافق ذاك إلى القسم الذي يريده، وأدوِّن لآخر ما يحتاجه من مستندات لإتمام معاملته على ورقة الملاحظات الصغيرة، وأرد على المكالمات الهاتفية، وامتص امتعاض ذاك العميل، وأفسر سبب التأخير لغيره، وأسابق الزمن لتقليص حجم الطابور الممتد أمام مكتبي الذي لا ينتهي إلا مع انتهاء الدوام! كنت أعوض غياب زميلتي إذا تعبت أو اضطرت لأخذ قسط من الراحة بعيدًا عن المكان، وأفعل كل ذلك وأنا مبتسم وسعيد!

للمرة الأولى كنت أؤدي عملي ليس لتأديته فقط، بل لأنني كنت أشعر بحاجة ماسة للقيام به على أتم وجه! ورغم أن استقبال العملاء في أي شركة قد يكون بمثابة عذاب نفسي، واختبار للقدرة على التحمل، فلا يعلم هذه الحقيقة إلا من عملوا في هذا المجال! ألا تعلمين يا سارة مدى سوء البشر وعنجهيتهم؟! وإلى أي مدى قد تصل بهم وقاحتهم وتكبرهم؟! هناك أنفس مملوءة بالشر الخالص يا سارة، وينتظر أصحابها أتفه الأسباب كي ينقضوا عليكِ بكل وسائلهم القذرة لتحطيمك والتقليل من شأنك. نرى الشر يقدح من عينيه قبل أن يصل إلينا، وكأن افتعال المشكلة هدفه الوحيد وسبب قدومه إلى المركز، وليس تخليص المعاملة. حقًّا إن البشر كائنات لا تعرف حدًّا أو ضوابط. ولطالما تعجبت من شدة الفروق والاختلافات الجذرية في سلوك البشر، واستغربت استعداد بعضهم التام لقتلك لأتفه سبب قد يمر في مخيلتك! إنها وظيفة منهِكة ولها تأثير كارثي على أعصابك في المدى البعيد! ولكن أتدرين ما الذي يؤذيني أكثر من أولئك العملاء على اختلافهم؟! إنه ذلك المسؤول الذي يبخسك جهدك ويبحث عن أصغر أخطائك، متجاهلًا جبالًا من إنجازاتك التي تشفع لك يا سارة!

شعور سيئ أن تبذل جهدك في العمل وتعلم يقينًا بأنك قمت بما عليك وزيادة، ومن رآك يشهد على ذلك!! ثم يأتي مديرك أو المسؤول عنك فينهرك ويوبخك، متجاهلًا الحقيقة الواضحة كعين الشمس! هذا ما حدث معي اليوم... ولكن لا تقلقي، فهذا الأمر لم يفسد يومي الجميل.

لقد كان يوم عمل شاقًّا، انتهزت الفرصة وأسندت ظهري على الكرسي المريح وأغمضت عينيَّ للحظة، وأخذت نفسًا عميقًا حين كان العميل منشغلًا بملء استمارة على مكتبي. استراحتي هذه لم تتجاوز نصف دقيقة، قطعها مسؤولي قائلًا:

«إذا كنت تريد النوم فاذهب إلى منزلك، هذا مكان للعمل يا خالد!

هيا... هيا... عد إلى عملك، وابذل مزيدًا من الجهد أيها الكسول».

كانت كلماته أشبه بسهام اخترقت صدري يا سارة! أعلم بأنه كان يراقب الموظفين طوال اليوم وأنا منهم بالطبع، وأعلم أنه رأى ما أبذله من جهد مضاعف، ولكنه قرر أن يتجاهل كل شيء، وانتهز هذه الفرصة لينفث سمَّه ويشبع غروره بكل الوسائل التي أتاحها المنصب له! هذا الموقف واحد من ألف موقف غيره جمعني به، ولا أبالغ إن قلت بأنه يستمتع بفرض سلطته علينا متباهيًا بمركزه كل يوم، وإن لي حصة الأسد من هذا التوبيخ اليومي! وأنا السبب في ذلك، بل -بلفظ أدق- جبني هو السبب في ترك مسؤولي يستغلني، ويستعرض قوته المصطنعة أمام بقية الموظفين. أجل، أنا جبان، ولا تتعجبي! أعلم بأن معظم الرجال لا يعترفون بجبنهم، وبالذات أمام امرأة! ولكنني وعدت نفسي أن أكون صادقًا معكِ وألَّا أخدعك بادعاء صفة ليست من صفاتي؛ ورسائلي إليك يا سارة ما هي إلا مرآة لروحي ولِما يختبئ من عواطف في صدري.

إياكِ والإشفاق عليَّ يا سارة، فقد كنت أعيش سابقًا بلا هدف، وكانت أيامي بلا معنى! ولم أجد ما يبرر قيامي بأمر قد يضر بمصالحي؛ فلماذا أغضب؟!

ولماذا أتشاجر؟! ولماذا أدافع عن حقي في أمر ما؟! ما الغاية من تعريض نفسي للخطر؟! ولماذا أخل بالتوازن الذي صنعته في حياتي؟! إنها أيام تمضي ونمضي معها إلى أن نستبدل بآخرين، أليس كذلك؟! منا المحظوظ ومنا من هم على شاكلتي بمثابة أعداد... أرواح هائمة... أجزاء من آلة بشرية عملاقة!

أنهيت دوام عملي وعدت إلى بيتي مثلما غادرته، مفعمًا بالبهجة والسرور، كنت أقفز فرحًا في أثناء سيري كطفل ذاهب في رحلة ظل ينتظرها وقتًا طويلًا! قدماي تسبقاني إلى المنزل، تريد الركض كي أصل بأقصى سرعة، إنها رغبة ملحة كانت تحثني على اختصار الطريق. ألقيت الحقيبة بعد أن أغلقت باب الشقة، وقبل أن أتناول الطعام، أو أغير ملابس العمل، وجدتني مفعمًا بلهفة طاغية دفعتني نحو الورقة البيضاء والقلم بسرعة! جلست بهدوء غير مكترث لأي أمر آخر، أنظر إلى الورقة البيضاء باستسلام تام، وأشحذ أفكاري استعدادًا للكتابة إليك يا سارة!

هنا باغتتني لحظة تنويرية هزتني حقيقةً! اكتشفت سر الشعور الذي لازمني منذ الصباح، اكتشفت سرَّ السعادة الطفولية وما الذي جعلني أنغمس فيها حتى شعر رأسي! اكتشفت سبب تذكري للأغنية القديمة يا سارة، ووجدت الدافع للاستمرارية والارتقاء بالذات والذي كنت قد نسيته في مرحلة ما من حياتي! الدافع الذي يحافظ على سعادتي ويحمي شعلتها من الانطفاء، الدافع الذي يحرض الإنسان على الاعتراض والدفاع عن نفسه، الدافع الذي ينتزعنا من الخمول ويدفعنا إلى الحركة والاجتهاد والعمل حتى تنقطع أنفاسنا.

لقد كنت روحًا ميتة في جسد حيٍّ يا سارة كل تلك السنين الفائتة، لا غاية لها ولا دافع غير المحافظة على مستوى معيشي مقبول! أتتخيلين حياة بمثل هذا البرود والجفاف والقحط؟! حياة رمادية شاحبة لا أسمع فيها سوى صدى صوتي وصراخ عواطفي من جراء العزلة الرهيبة.

يا إلهي، كم هي مخيفة تلك العزلة يا سارة! أن تقفي وحيدة بمواجهة عالم شاسع مترامي الأطراف، ويحوي أطنانًا من الشر والخداع والمكائد! لك أن تتخيلي الفزع الروحي الناتج عن معرفتك بأنك لا تنتمين لأي أحد، فلا أحد يتذكرك، ولا أحد تلجئين إليه، ولا حضن تأوين إليه إذا ما اشتدت الأمور! نحن البشر نظن أننا أقوياء ولكننا في الحقيقة عكس ذلك، نحن كائنات ضعيفة نخشى الوحدة والانفراد بأنفسنا، ونهرع دائمًا نحو كائن ننتمي إليه وإن كان غير بشري، فجميعنا يبحث عمن ينتمي إليه، ويجد فيه صفات تشبهه فيشعر بأنه ليس وحيدًا!

لقد وجدت في هذه الرسائل يا عزيزتي سارة دافعًا لي للاستمرار في الحياة... أليس في هذا ما يدعو للسخرية مني والإشفاق على حالي؟! أن تكون هذه الرسائل التي نتبادلها الدافع الأساسي والوحيد الذي أعاد لي الإحساس بأني ما زلت حيًّا؟! إنها تمدني بهذه السعادة والبهجة وتضفي على حياتي رونقًا وجمالًا يحثني على الاستمرار في الحياة والتطلع إلى ما تحمله لي وبذل الجهد من أجلها؟!

هذا ما فكرت به قبل أن أبدأ بالكتابة لك يا عزيزتي سارة، وهكذا أصبحت إنسانًا مرة أخرى!

خالد

2 فبراير 2020

ملحوظة: سأضع الرسالة عند عتبة بابك ما إن تغادر والدتك البيت، وأرفق معها وردة، وأرجو منك أن تقبليها... أنتظر رسالتك على أحر من الجمر.

إلى خالد...

لقد أعدت قراءة رسالتك عشرات المرات، لم أستطع النوم ليلة أمس أبدًا، وبقيت حتى منتصف الليل أعصر أفكاري كي أجد ما أكتبه لك! لا تسئ فهمي، فلديَّ الكثير مما أود الإفصاح عنه، ولكنني لا أرتقي إلى مستواك في الكتابة، وأجد صعوبة بالغة في ترجمة ما يجول في ذهني من أفكار وعواطف إلى كلمات!

أنا سعيدة من أجلك، وصدقني أتمنى من كل قلبي أن تمتلئ أيامك فرحًا وبهجة، ولكنني بحاجة لأن أبوح لك بما يختبئ في صدري، فلا أحد غيرك أستطيع التحدث معه، وأرجو منك أن تسامحني على إفساد مزاجك.

راودتني رغبة في البكاء منذ أن استيقظت، وشعرت بضيق شديد وهمٍّ يثقل صدري. وما زال ضميري يؤنبني منذ ذلك اليوم... وما زلت أذكر ملامح وجهك في المصعد التي لا تفارقني؛ وبعد أن قرأت رسالتك صار ألمي لا يطاق!

ليتني استطعت التحدث إليك، ليتني استطعت الإجابة، ليتني استطعت الرد على تحيتك. أرجوك يا خالد لا تظن أني شريرة، فأنا على العكس تمامًا، ولكنني لم أعهد مواقف كتلك! أجل، هذه هي الحقيقة، أنا فتاة لم تخرج من منزلها يومًا، مع أني أتممت عامي التاسع عشر إلا أنني لا أجيد أيًّا من مهارات التواصل، ولا أجيد التعامل مع البشر! قضيت معظم حياتي في غرفتي، في صمت تام لا أسمع أحدًا ولا أتحدث مع أحد! لم أحظ يومًا بصديقة أتبادل معها الأسرار، ولم أتحدث يومًا مع شخص آخر، ولم أخرج يومًا في رحلة عائلية، بل إني لا أعلم كيف تكون الرحلة! لم أخرج من المنزل إلا للذهاب إلى المدرسة أو الكلية حاليًّا، إنني أعيش في سجن مادي ومعنوي.

ربما أنا مثلك أيضًا، روح ميتة في جسد حيٍّ! إلَّا أنني لم أكن كذلك، كلا، لقد كنت فتاة أخرى! ما زلت احتفظ بذكريات عن نفسي، وأذكر كيف كنت تلك الفتاة التي لا تهدأ وتظل تضحك على أتفه الأمور؛ وما زلت أذكر كيف كنت مفعمة بالحياة وكلي آمال وأحلام بالمستقبل؛ وما زلت أذكر طعم السعادة والأمان والدفء نتيجة وجودي بين الآخرين! لكنني الآن وحيدة، ولا أدري كيف أعود كما كنت؟! ولا أظن أني قادرة على العودة إلى ما كنت عليه سابقًا في يوم من الأيام.

لقد وجدت نفسي في كلماتك، وتحديدًا عندما تحدثت عن العزلة. شعرت وكأنك تصف حياتي لا حياتك! وجدت نفسي غارقة في دموعي وأنا أتابع القراءة، وللمرة الأولى شعرت بأن هناك من يعيش مثلي، ويشاركني المعاناة ذاتها. لقد كسرت كلماتك وحدتي فوجدت شيئًا أنتمي إليه، وهذا ما قلتَه أنت أيضًا في رسالتك السابقة. هناك في الخارج بشر مثلي يمرون بالظروف نفسها التي أعيشها. هناك أحد ما يشبهني، وربما فتاة أخرى غيري وجدت نفسها فجأة محبوسة في فقاعة يستحيل الخروج منها!

وجدت المواساة في رسالتك، ولا تعلم كم ضحكت وأنا أتخيلك وأنت ترقص في الشارع والآخرون من حولك يحدقون بك وأنت تدور حول نفسك. وأنا جد ممنونة لك على الوردة التي أرفقتها برسالتك، ولا أدري كيف أشكرك، فلم تكن بالنسبة لي وردة فقط، بل جعلتني أدرك بأن هناك من يتذكرني، من يريد إسعادي! يا له من شعور رائع، ذلك الذي تمدك به الزهور، لقد وضعتها في مزهرية صغيرة إلى جانب النافذة حتى تستمع بأشعة الشمس كل صباح.

أنا متلهفة لأن أسرد لك كل تفاصيل حياتي ويومياتي، ولكنني خائفة! فقد تكون حياتي وأفكاري وآرائي بالنسبة لك في غاية السذاجة والسطحية؛

وللأمانة لم يسبق لي أن تحدثت مع أحد سابقًا، ولا أدري إن كنت مثلي في هذا الأمر أم لا! ولكنني أتمنى أن نتحدث مثلما يتحدث الأصدقاء... أتمنى أن نخوض في أكثر الأمور تعقيدًا وفي أكثرها بساطة وسطحية أيضًا، وأن نكون على طبيعتنا دون خوف من الأحكام والظنون تمامًا كتلك الحوارات التي تجري بين الأصدقاء... وأتمنى أن تتقبلني كما أنا، حتى وإن بدوت لك ساذجة أو سطحية! هذه إحدى أمنياتي، أن أقول كل ما أريد بأريحية صديق إلى آخر.

ولكنني بعد أن لمست انفعالك المفرط في رسائلك، أستطيع الجزم بأنك لا تراني صديقة فحسب، بل لي عندك منزلة أخرى، وإن كان شكِّي في محله، فبإمكانك إخباري عن حقيقة شعورك تجاهي في رسالتك التالية.

أريد أن أعرف أمرًا آخر، وأرجو منك أن تجيبني بكل صراحة، هل كنت تقصدني حين تكلمت عن إيجادك للدافع في حياتك؟ وإن كنت فعلًا تقصدني، فلماذا لم تقل ذلك لي مباشرة؟! وذلك الشعور المبهم والسعادة التي شعرتَ بها يوم أمس، أكنتُ أنا سببها؟ ولماذا؟!

إياك أن تظن بأني ساذجة، وبأنني سأصدقك فورًا إن أجبت بنعم! ولكنني أسألك لسبب وحيد فقط، إنه الفضول البحت لا أكثر...

أرجوك لا تغفل الرد على أسئلتي، فأنا أنتظر الإجابة منك.

صديقتك سارة

3 فبراير 2020

إليك سارة... غايتي في الحياة

اعذري عقلي المتسرع إن أساء التقدير، ولكنني استنبطت من رسالتك الأخيرة الإذن لي بتجاوز بدايات الحديث والتعارف والانتقال للمرحلة التالية؛ مرحلة الحديث النابع من القلب إلى القلب!

آه يا ذات العينين الخضراوين، لقد أطلقت بسذاجتك الحلوة العنان لوحش من العاطفة كان حبيس قفصي الصدري على مدى 25 عامًا، وكان يتوق طوال تلك السنوات إلى الحرية. لقد انتظرتك يا عزيزتي كل هذا الوقت، أنت فقط ولا أحد غيرك يا سارة! صدقيني، كنت أعرفك جيدًا قبل أن نلتقي، لقد رسمتك في خيالي منذ زمن بعيد! رسمتكِ بكل تفاصيلك، أجل يا سارة. قد يبدو كلامي نوعًا من الجنون، ولكنني رأيتك في ألذ أحلامي وأكثرها سحرًا، تمامًا كما أنتِ!

عزيزتي سارة... أنا لا أبالغ إن قلت لك وبكل أمانة إنك التجسيد البشري لفتاة أحلامي التي بقيت أنتظرها بصبر، متمسكًا بأمل قدوم ذلك اليوم الذي ستظهرين فيه لتنيري حياتي المعتمة! يا إلهي كم انتظرتكِ يا ساره لتنتشليني من وحدتي، ويا ليتك تعلمين عن أي وحدة أتحدث! عن وحدة قاسية أشتاق فيها لسماع صوتك، وحدة تدوم أيامًا دون أن أحرك لساني، فتمر ليلة وربما ليلتان وأنا في المنزل، على الكنبة دون رفقة، أحدق في السقف بصمت مطبق يدوم ساعات وساعات، وأنسى في كثير من الأحيان أن هناك بشرًا آخرين غيري على هذا الكوكب! هل راودتك الشكوك يومًا بأنك ربما قد فقدت جسدك المادي وصرتِ شبحًا؟ وخرجتِ من منزلك يا سارة لا لسبب سوى البحث عن شخص يبادلك أطراف الحديث أو تتبادلان التحية على أقل تقدير،

لتثبتي لنفسك أن بني جنسك ما زالوا قادرين على رؤيتك، وأنك لست شبحًا تعيسًا يسبح في مدينة دبي ويخيف قاطنيها، كما سولت لك وحدتك القاسية؟!

لقد كنت أعيش كالوحوش بلا مشاعر، بلا علاقات أصيلة تربطني بأحد وتغذي رغبتي الروحية بالتواصل. في كثير من الأحيان ظننت أنها النهاية، ظننت أنني فقدت إنسانيتي، وصدقيني كنت أشعر بها تنسل من بين يدي شيئًا فشيئًا؛ ولكنني استطعت الصمود حتى هذا اليوم! أتعلمين ما الذي جعلني قادرًا على الصمود في وجه العزلة التي حدثتك عنها سابقًا؟ أتعلمين كيف وصلت إلى هذا اليوم قبل أن أفقد عقلي؟ إنك أنت يا سارة من حافظ على عقلي وروحي من الزوال وساعدني على الصمود! أجل، لا تستغربي، لقد كنتِ في بالي في أحلك ليالي حياتي يا سارة، وكنت الشمعة التي تنير لي باب الأمل المختبئ في آخر الطريق.

لقد واستني ملامح وجهك البريئة عندما كانت تضيق عليَّ حياتي ويملأ الدمع مقلتيَّ. واستأنست كثيرًا بمحادثاتنا الطويلة والممتعة في أثناء احتسائنا للشاي الساخن في أبرد أيام الشتاء في الشرفة أو في المطبخ أو في بعض الأحيان في المقاهي. كانت إطالة النظر إلى وجهك المشرق يا سارة دواءً يشفي أي سقم يصيبني، وبلسمًا يطيِّب كل جراحي! لقد أعنتني يا سارة على مواصلة حياتي التعيسة الخالية الجامدة الباردة المتحجرة؛ لقد كنتِ عونًا لي وسترًا، لقد كنتِ سببًا في عودة حياتي إليَّ.

مهلًا يا سارة، فلم أغفل، ولن ألومكِ أبدًا إن رميتني بتهمة الكذب والافتراء! فأنتِ فعلًا لم تخرجي معي يومًا، ولم تبتسمي لي مرة! ولكنك أغفلت أمرًا مهمًّا سبق وذكرته لكِ، وسأكون حزينًا إن حصل وغفلتِ عنه، فأنا مثلما قلت لكِ قبل قليل، كنت أعرفك جيدًا قبل أن نلتقي، فقد رسمتك في خيالي منذ زمن بعيد! وعشت معكِ في وهم جميل نسجته خيوط أحلامي!

فيما كنت أنتظر اليوم الذي ستظهرين فيه، لتزول كل معاناتي بمجرد أن أراك في الواقع!

لقد عنيت كل كلمة قلتها لكِ في الرسالة السابقة، فكلماتي نابعة من صميم قلبي. منذ أن رأيتك ولساني عاجز عن الكلام، فقلبي يتحدث معك يا محبوبتي! وقلبي يكتب لكِ هذه الرسائل! أجل، يا ليتني أملك ما يثبت لكِ صدقي، ولكنها الحقيقة يا سارة، وكل كلمة قلتها لكِ خرجت من قلبي لتتشكل على الورقة مباشرة دون أية إضافة أو خداع.

وتسألين عن شعوري تجاهكِ؟ لا، ليس شعور صداقة وليس حبًّا، وبالتأكيد ليس رابطًا أخويًّا، بل كل ما ذكرت وزيادة؛ أنتِ بالنسبة لي حياة كاملة يا حبيبتي... أنا لا أكن لك المشاعر فقط... أنا أعيش من أجلك! ولهذا فإن أي تصرف يبدر منك سيكون بالنسبة لي ضربًا من الجَمال! أجل، فأنا أكثر منك تلهفًا للاستماع إليكِ وإلى تفاصيل حياتك من أعمقها حتى أكثرها سطحية، فلا تحرميني هذه المتعة يا عزيزتي سارة.

لقد كان ذلك اليوم الذي جمعني بكِ في المصعد صعبًا عليَّ فعلًا! وكل ما رغبت فيه هو بدء محادثة صباحية خفيفة كي أكسب ودك. ولك أن تتخيلي حجم المجهود الجبار الذي بذلته لأتغلب على خجلي؛ أذكر جيدًا كيف كنتِ متقوقعة في الزاوية، تحتضنين كتابك وقد بدا عليك القلق الشديد أو ربما الخجل، لم أستطع التحديد! يا إلهي... يا له من شعور أحسست به يومها حين وقعت عيناي عليك يا عزيزتي، أخذ قلبي بالذوبان وكأنه شمعة تحترق، ولم أستطع إبعاد نظري عنك، وصدقيني وبكل إنكار للذات، كنت أرجو الله باكيًا في سرِّي، ألَّا يشاركنا أحد المصعد يا عزيزتي حتى تتسنى لي الفرصة لمحادثتك، وما إن أغلق باب المصعد وأصبحنا أنا وأنت وحدنا للمرة الأولى حتى بدأت أتصبب عرقًا، وبدأ قلبي بالاضطراب إلى درجة

ظننت أنه سيحطم صدري من شدة خفقانه، ولكنني رغم هذا التخبط الداخلي الذي خلط أركاني، عقدت النية وعزمت على ألَّا أضيع هذه الفرصة الثمينة من بين يدي؛ ولكنك صددتني، وكنتِ تغضين البصر وتبدين توترك كلما حاولت أن أبادر بمحادثتك، استشعرت خوفكِ مني، فتوقفت عن المحاولة. كان القلق واضحًا عليكِ، ولم تبدي أي اهتمام بتبادل الكلام بيني وبينك، بل كنتِ تترقبين بوجل مرور تلك الثواني التي جمعتنا، وما إن توقف المصعد حتى بدأتِ بالضغط على زر فتح الباب بتكرار، ما جعلني أظن أنه ردكِ على محاولة تقربي منكِ. وفي محاولة يائسٍ يبحث عن قشة يتعلق بها، سألتك ما إن هرعتِ إلى خارج المصعد: «ما اسمك؟» لكنك لم تلتفتِ للوراء، بل فضلتِ الابتعاد عني على وجه السرعة!

آه... كم أشعر بالإحراج كلما تذكرت إعراضك عن الإجابة يا سارة؟ قضيت الساعة الأولى بعد لقائنا في حالة صدمة وإنكار لما حدث، شل تفكيري تمامًا وتوقف! ظننت أن حياتي قد انتهت، وأنني لن أستطيع الاستمرار في العيش تحت وطأة هذا العار والخزي! والأدهى من ذلك أني فقدت فتاة أحلامي للأبد، وتلاشت الفرصة التي انتظرتها طويلًا كنسمة عابرة من أمام عيني. ولن أخفي عليكِ، فقد ذرفت بعض الدموع متحسرًا؛ وأنا لا ألومك، حاش لله، فكلانا رأى الآخر من منظار مختلف؛ أنا رأيتك فتاة أحلامي، وأنت رأيتني شخصًا غريبًا اضطررت للتواجد معه بضع ثوان ثقيلة. أوليس هذا ديدن البشر يا عزيزتي سارة؟! نحن مخلوقات شديدة الغرور، نظن أننا نستحق الحصول على كل ما نريده ونشتهيه!

لقد ترك هذا الموقف في قلبي جرحًا، ظننت أنه لن يبرأ أبدًا؛ وما كان يخيفني هو شبح تلك الذكرى الذي سيلاحقني ما حييت. كنت أتوسل للأرض أن تنشق وتبلعني في تلك اللحظة، لأزول إلى الأبد ويزول ما في

قلبي من حسرة وحزن وخذلان. صدقيني، لقد بقيت تلك الليلة أعاتب نفسي بخجل شديد، وأجوب أرجاء شقتي كالمجنون، أحدث نفسي وأبحث عن الموضع الذي أخطأت فيه فخسرتك؛ واستمرت تلك العاصفة الفكرية تقتلع كل ما في رأسي إلى أن طُرق باب شقتي، ثم وجدت رسالتك عند عتبة بابي!

عادت إليَّ روحي تدريجيًّا وأنا أقرأ ما كتبتِهِ لي، وحلَّت عليَّ السكينة وعاد إليَّ الأمل مرة أخرى، وغمرتني موجة من السلام والطمأنينة يا من سكنت قلبي... آه يا عزيزتي كم أنا سعيد، كم أنا واقع في غياهب الحب، كم أنا مسرور، كم أنا حيٌّ! لست أبالغ بمقدار حبي لكِ يا سارة، ولا أصطنع تمثيلية مبتذلة كي أخدعك! لقد كتمت حبي لكِ سنين طويلة، وبقيت أنتظرك إلى أن ظهرتِ، وها هو حبي لك يتفجر في داخلي الآن.

لو كان الأمر بيدي يا حبيبة قلبي لهرعت الآن إلى أقرب متجر وعدت بمطرقة لأحطم ما بين من جُدُرٍ تفصلنا يا جارتي العزيزة! ليتك تعلمين مقدار حاجتي إليكِ... ويا ليتني أرتقي إلى مستوى فارس أحلامك! ليتك تجدين بي المواصفات التي تظنين أن قلبك جدير بها!

تفزعني هذه الجملة يا عزيزتي... أخاف منها، وتتسارع دقات قلبي في كل مرة تراودني. هذه أسوأ مخاوفي، ألَّا أكون جديرًا بقلبك! وألَّا أكون أهلًا لحبك! ماذا سأفعل عندها؟ لن تبقى الحياة حياةً، ولن تعود المياه إلى مجاريها أبدًا، ولن أصمد يومًا واحدًا إن عدت إلى عزلتي القديمة! كيف لي أن أصمد بعد أن تذوقت رحيق الحياة ودفء الحب ومتعة المشاركة؟!

سأضع حدًّا لمعاناتي في الساعة الأولى من غيابك عني، فلم أعد أتخيل الحياة من دونك يا سارة. ولكن حتى وإن لم أكن جديرًا بك، فلا تحزني ولا تقلقي على ما ستؤول إليه حياتي، فلحظات تبادلنا الرسائل والكلمات أضفت معاني كثيرة على حياتي الجامدة، وكانت أكثر من كافية. وصدقيني،

إن وضعت تلك اللحظات في كفة وحياتي كلها في الكفة المقابلة لرجحت الأولى.

الآن أستطيع وبكل ثقة التفاخر بأني حيٌّ! أجل، لقد أصبح لي رصيد من الذكريات وما يرافقها من مشاعر، ألا تقاس الحياة بكمِّ الذكريات والمشاعر التي تبقى عالقة في عقلنا حتى آخر العمر؟! إذًا لصار بإمكاني التباهي الآن بأني عشت حياة تستحق أنفاسي، وتستحق العقل والقلب اللذين منحني إياهما الخالق!

لا تدركين مدى سعادتي حين علمت أن كلماتي وجدت طريقها لمواساتك يا سارة؛ وأعدك بأني سأبذل جهدي في المرات القادمة لتفادي دمعاتك الغالية، فلا هدف لي سوى إسعادك يا محبوبتي، وليس التسبب في نزول دمعة ولو واحدة على خدك. أنا يا سارة صرت شخصًا آخر، فلم تعد الابتسامة تفارقني، وأرى الأمل في كل شيء، حتى في أكثر الأماكن ظلمة. صرت متفائلًا، مبتهجًا، متعلقًا بالحياة، مفعمًا بالنشاط، وحبكِ المتغلغل في قلبي قلب حياتي رأسًا على عقب! يا ليتني عرفت الحب من قبل، ويا ليت سحره العجيب قلب حياتي منذ أن تشكل وعيي للدنيا، فإن كان الحب بهذا الجمال وهذه القوة فأنا لا أريد أن أعيش ثانية واحدة خارج مظلته!

المتيم بحبك... خالد

4 فبراير 2020

إلى صديقي الوحيد خالد...

أيها الشاعر المجنون؛ أنت قنبلة موقوتة، كما توقعتك فعلًا. لا أدري من أين تأتي بهذا الكلام؟! تعجبني رسائلك جدًّا، كأنها قصائد كتبها شاعر مرموق. لقد أعدت قراءتها عشرات المرات في المنزل وفي الطريق وفي الكلية، ولا أملُّ من قراءتها أبدًا يا خالد، أتصدق ذلك؟ لكنني في الوقت نفسه، أجد نفسي مرغمة على تعنيفك يا صديقي الوحيد! وسامحني أرجوك. لماذا تتحدث عن الفراق؟! لن نفترق بإذن الله أبدًا! ولِمَ تظن أنك غير جدير بي؟ أي إنكار للذات هذا يا خالد؟ وأي تواضع هذا؟ أنت حلم كل فتاة، أجل! ولو جردت نفسي من كبريائي مثلما تفعل دائمًا يا خالد، لتغير وجه الحقيقة وصرتُ غيرَ جديرة بك لا العكس!

أنت لا تعرف الكثير عني، لهذا أقولها لك الآن وبكل جدية، لن أدعك تتحدث في هذا الموضوع مرة أخرى.

لقد رأيتك اليوم من الشرفة عند خروجك مساءً؛ يا إلهي كم أحسدك يا خالد! أود الخروج مثلك والتسكع في طرقات دبي، أود الجلوس على الشاطئ ومشاهدة الغروب، أود زيارة معالم المدينة وإقامة حفل شواء ليلي في الصحراء، أتوق للسهر حول النار برفقة الآخرين وتبادل أطراف الحديث والضحكات تحت السماء المرصعة بالنجوم، أود طمر قدميَّ اللتين جمدهما الشتاء في الرمال الذهبية، أود تذوق طعم الحياة، أريد أن أشعر أني كبقية الناس، أريد تجربة كل ما تقدمه دبي لقاطنيها!

تخيل أني لم أرَ المدينة إلا عبر شاشة التلفاز رغم أني أعيش فيها! أنا كما قلت لك سابقًا، أعيش في غرفتي ولا أخرج منها إلا إلى الكلية.

أحضرت أرنبًا ظريفًا أبيض اللون ليشاركني غرفتي، يجب أن ترى جمال عينيه، إنهما حمراوان، وأجمل من عيني الخضراوين؛ إنه كثير الحركة ولا يهدأ أبدًا، وهذا ما كنت أريده بالضبط، فأنا بحاجة إلى إدخال بعض الحيوية إلى غرفتي. بذلت وقتًا طويلًا حتى اكتسبت ثقته، وأستطيع القول الآن بأنه لم يعد يخافني، بل يهرع إلي في كل مرة يراني، وبالأخص عندما يكون جائعًا. لم أجد له اسمًا يناسبه، ولكنني أظن الآن أني وجدت الاسم المناسب، وأرجو ألا تضحك، سأسميه خالد تيمنًا بك.

ومع أنه أرنب، إلّا أنه يعرف كل أسراري، فقد أخبرته بكل شيء! شكوت له وتذمرت أمامه لساعات طوال، وضحكنا ورقصنا في كثير من الأحيان؛ كثيرًا ما رآني أبكي وكان يقترب مني ويلتصق بي كأنه يحاول مواساتي والتخفيف عني يا خالد. أرجو ألّا أبدو سخيفةً بنظرك، ولكنها الحقيقة! إذ حين يستولي عليَّ الضجر، ويبدأ بنهشي من الداخل، أخرج إلى الشرفة وأجلس هناك والأرنب في حضني، وأراقب من أعلى حياة الآخرين وتصرفاتهم؛ وفي كل مرة أشعر أني خارج الحياة يا خالد، وكأن الآخرين يعيشون مسرحية وأنا أتابعهم كمشاهد لا أكثر!

ليت للأرنب صوت كي يكسر الصمت الذي أعيش فيه، ولكنني للأسف لم أسمعه يومًا؛ أخاف كثيرًا من الهدوء الذي يسوده الصمت يا خالد! أخال أن الجميع هاجروا وتركوني! عندما تخرج والدتي من المنزل وأبقى وحيدة، أشعر برعب شديد، ويصبح المنزل كأنه مهجور، ويتوقف الزمن وتكف الأرض عن الدوران! كل شيء يتجمد وتنتزع منه الحياة، وما يزيد الأمر سوءًا أن أمي تقضي جل وقتها في العمل، ولا أراها إلا دقائق معدودات قبل أن تخلد إلى النوم!

أمي المسكينة، لقد دفنت نفسها في العمل كي توفر لنا حياة كريمة، فهي المعيل الوحيد لنا، لا أدري ما الذي كان سيحدث لي من دونها؟! إياك أن

تظن سوءًا بوالدي، لقد كان أفضل وأروع وأجمل أب في الدنيا، ولو كان على قيد الحياة لما ترك أمي تعمل أبدًا وتتعب إلى هذا الحد، ولكنه انتقل إلى مكان أفضل...

أحاول بذل جهدي كي أوفر لها أبسط سبل الراحة، لقد صرت طاهية محترفة، ولذلك أرفقت مع رسالتي طبقًا مما طهوته وأتمنى أن ينال إعجابك. أُعد لأمي العشاء قبل وصولها لتتناول الطعام ساخنًا، وأنظف الشقة وأغسل الثياب، وأحاول قدر الإمكان عدم إجهادها بمصاريف كلِّيتي، فهي مكلِّفة! حتى صديقي الأرنب لا أشتري له طعامًا خاصًّا بل يأكل مما نأكل؛ أنتظر يوم تخرجي ونيلي الشهادة بفارغ الصبر، لأساعد والدتي وأزيل عن كاهلها العبء الثقيل؛ ولسوف أذهب في رحلة طويلة أيضًا؛ أريد زيارة أماكن كثيرة علقت صورتها في رأسي!

أود أن أطلب منك شيئًا، قد يبدو لك طلبًا غريبًا! أود منك أن تصف لي دبي، وأن تحكي لي عنها بطريقتك المجنونة يا خالد... أريد أن أعيش تجربة الحياة فيها من خلال عينيك أنت، وأرجو أن تقبل طلبي يا خالد.

أتدري يا صديقي الوحيد، كنت أرجو أن أقول إنني الآن فتاة سعيدة، ولكن حادثة المصعد تمنعني في كل مرة من الاستمتاع بالسعادة التي تغمرني هذه الأيام. أرجو منك أن تسامحني يا خالد، أريد أن أرتاح، وأن أتأكد من أنك سامحتني. قل لي في رسالتك القادمة «أنا سامحتك يا سارة».

ومع أنني توقعت ردكَ على سؤالي، إلَّا أنك فاجأتني! لقد كان ردك من أجمل ما قرأت، وقد ترك في قلبي أثرًا عظيمًا. وأرجو منك أن تعذرني، لأنني لا أستطيع مجاراتك يا خالد، ولا أستطيع الإفصاح عن شعوري! لا أريد خداعك، وصدقني هذا آخر ما قد أفكر فيه؛ لا أريدك أن تتعلق بي، ولا أريدك أن تحبني ثم أكون سببًا في عذابك. أعلم أن الأوان قد فات على هذا الكلام،

ولكنني المذنبة. أجل، إن سذاجتي هي السبب! أنا من شجعتك على هذا العمق، وأنا كما قلت لك سابقًا: لا أفقه شيئًا من هذه الأمور، وجهلي وضعني في موقف لا أريده. أرجوك يا خالد، تخلَّ عن حبك لي حتى تعرف من أنا، فأنا لا أستحقه! أنت لا تعلم شيئًا عني، وهناك أمور لو علمتها قد تدفعك للتراجع عن حبك لي. وأرجوك يا خالد لا تطالبني بالإفصاح أكثر، ولا بإخبارك عن مشاعري قبل أن تعرفني أولًا بكل عيوبي ونقاط ضعفي. أعلم أني لا أستطيع منعك من حبي، ولا أطالبك بذلك، ولكني خائفة عليك! أخاف أن تصدمك حقيقتي يومًا، فأصبح سببًا في شقائك وأنت من أجمل ما مر في حياتي!

دعنا نستمتع بهذه اللحظات، ونترك الباقي للقدر يا صديقي الوحيد. أجبني وأرح فضولي وقل لي ما الذي ستفعله بعد أن تُحطم الجُدُرَ التي تفصلنا يا جاري العزيز؟! إلى أين ستأخذني للتنزه؟ ما الذي ستريني إياه من معالم المدينة؟ أنت لا تدري حجم السعادة التي أدخلتها إلى حياتي! دعني أستمتع بها قدر الإمكان دون أي منغصات.

صدقني يا خالد إن دموعي تسيل الآن فيما أكتب لك، ولا أدري إن كانت دموعي دموع الفرح أو الحسرة؟! أرجوك دعنا نبقى هكذا كما نحن، لا تحرمني هذه المشاعر. وأطلب منك بكل أنانية أن نبقى على ما نحن عليه حتى يتضح لك كل شيء، وعندها يعود القرار لك يا صديقي الوحيد...

جارتك التي يفصلك عنها جدار... سارة

5 فبراير 2020

ملحوظة: آمل أن ينال طعامي إعجابك.

إلى حبيبتي سارة

قد أكون تجاوزت حدودي عند قولي لك «حبيبتي سارة»، ولكنني أتوسل إليك أن تغضي الطرف، فتدعيني أستمتع بهذا الحلم الجميل.

لم أفهم الكثير مما قلتِه، ولا أدري إلى ماذا كنتِ تشيرين؟! ولكني أريد طمأنتك يا عزيزتي بأنني لن أتغير أبدًا. ولن أطالبك بأن تمنحيني قلبك يومًا، رغم أني أظن أن الظفر بقلبك أمر يستحق الموت لأجله يا سارة! أنا لا أقدر أن أرغمك على حبِّي ولن أفعل! فإن أحببتني سأكون أسعد مخلوقات الأرض، وإلَّا فسأعيش اليوم أجمل لحظات عمري، ولاحقًا ستصير أجمل ذكرياتي يا سارة! إياكِ والقول بأن حبي لكِ قد يتغير، سأحبك بكل عيوبك مهما كانت، فأنت لم تستوعبي بعد مقدار حبي لكِ يا سارة! حبي لك وبكل بساطة سيطغى على أي شيء آخر.

وبعد أن أوضحت لكِ هذا الأمر، دعيني أدافع عن حماقتي التي ارتكبتها في رسالتي السابقة، فقد فقدت السيطرة على نفسي! أنا لم أقصد ما قلته حرفيًّا، لا أريد تحطيم الجدر المادية بيننا، كانت محاولة خرقاء مني، كان تعبيرًا مجازيًّا ولو عن جزء بسيط من حبي لكِ يا سارة. ولكن بما أنكِ طلبت مني أن أواصل، فلن أقدر على رد طلبك.

أول ما سأفعله هو انتشالك من الشقة، وانتزاعك من عزلتك التي أعرفها جيدًا، فأنا ذقت ويلات العزلة أيضًا، وما زلت أعاني من تبعاتها يا سارة، وقلبي لا يحتمل ألَّا أحرك ساكنًا وأنا على علم بأنك تشاركيني المعاناة نفسها والألم نفسه. سأزيل هذا العبء الثقيل عن كاهلك يا قرة العين، لهذا أريد الذهاب بكِ، ما إن أتيحت لي الفرصة، إلى حيث تتمنين يا عزيزتي؛

ولكن دعيني أنتهز الفرصة للتباهي أولًا! أجل، وأقولها بكل فخر، أنا أعرف دبي جيدًا، بل إنني أفضل من باستطاعته أن يريكِ جمال هذه المدينة الساحرة! إنها فعلًا مدينة عجيبة، ولا يستطيع رؤيتها على حقيقتها إلَّا من أحاط بتفاصيلها الكثيرة وأسرارها الدفينة!

هناك بؤساء لم يترك لهم العالم في الخارج مكانًا ليشغلوه، يهيمون في الأرجاء، وقد تمكَّن منهم ألم نفسي دائم يقبض على أنفاسهم، إنهم في كل مكان؛ إلَّا أنه من شبه المستحيل الانتباه لهم أو رصدهم، هم في الطرقات والساحات وعلى الشواطئ وفي المكاتب وعلى المقاعد في الأماكن العامة وبين الأشجار يستظلون، إنهم في كل بقعة من دبي! لا بد وأن نصادف واحدًا منهم يا سارة، ولكن كيف نميزهم؟! هناك علامات كثيرة نستطيع رؤيتها فيهم، وجوه جامدة بلا تعبير، أبدان هزيلة شبه مريضة أو ربما مفرطة في البدانة تحاول شق الجموع دون لفت الانتباه، رؤوس مطأطئة ورؤوس ترنو إلى السماء، عيون ذابلة وأخرى سارحة. وما إن تقع عيناكِ على أحدهم حتى تستشعري ضياعه ويأسه من البحث دون نتيجة، فهو لا يدري ما الذي جرى له! ولا يعلم أين خلاصه! تلك الفجوة الهائلة في روحه لم يجد حتى اللحظة ما يملؤها، ذلك النقص المهين الذي يقفز إلى عقله في كل مرة يحاول فيها أن يجد له مكانًا بين الناس، نقص يبعده عن أي نوع من أنواع المشاركة في الحياة، ويريد له أن يبقى منزويًا بعيدًا لا يراه أحد؛ وما هي إلا بضع سنين حتى يختفي هذا البائس وينصهر في بدن دبي ويصبح جزءًا من كيانها.

آه يا سارة، أنا لست بمجنون صدقيني، ودعيني أبسط لك الأمر بسؤال سأجيبك عليه. حين تنظرين إلى شارع مزدحم بالناس أو ساحة مكتظة، أو عندما تراقبين الآخرين من الشرفة مثلما تفعلين حين يجهدك الضجر، أتظنين أنك ترين الجميع؟! أتظنين أنك ترين الصورة بأكملها؟! كلا، ولكن هذا ظن الغالبية!

يظنون أن أعينهم قد أحاطت بكل الموجودين، ولكن الحقيقة غير ذلك! هناك الكثير مما تعجز العين عن رصده، وهناك الكثير مما لا نستطيع لمسه أو الشعور به!

دبي مليئة بالأسرار يا عزيزتي سارة، وفيها دهاليز وأزقة كثيرة؛ لم تكشف المدينة جميع أسرارها بعد، ولا أظن أنها ستكشفها يومًا! هناك صنف من البشر يا سارة يجوب طرقات دبي على الدوام، صنف تصعب رؤيته رغم وجوده، يعيش في الظل ويعشق الظلام والأماكن النائية، ويخاف خوفًا شديدًا من التفرد، ويخشى الصفوف الأمامية، ويفعل المستحيل كي يتجنب الأضواء، ويستأنس إذا لم يميزه أحد، ويشعر بالوحشة إن وجد نفسه محاطًا بالاهتمام. إنه من هؤلاء البؤساء! أجل، البؤساء الذين استسلموا للضياع ورفعوا راياتهم البيضاء، وقرروا العيش في صمت وعزلة قاسية إلى أن تبلى أجسادهم، فيتخلصوا حينها من قيودهم، ويسبحوا بأرواحهم تجاه الحرية المطلقة يا عزيزتي!

وهنا يكمن السر العظيم يا سارة، إني موقن بأن زهرة السعادة لا تنمو إلا في وسط بستان المعاناة، فلا بد لك من السير في المعاناة حتى تقطفي زهرة السعادة!

وعندما تضمر حاسة السمع لديك بسبب عزلتك المفرطة ووحدتك الدائمة، ويصبح سمعك قاب قوسين أو أدنى من التلاشي مع ندرة الأصوات التي تستقبلينها؛ في تلك اللحظة تحديدًا، وفي ذلك الجزء المتناهي الصغر من الثانية وسط السكون المخيم والذي لا يتخلله مثقال ذرة من الضوضاء، ستكونين مهيأة لسماع ذلك الصوت، صوت مدينة دبي! أجل، صوت دبي. ولن ألومك إن اتهمتني بالجنون أو إن ظننت بأني أهلوس! ولكنها الحقيقة يا عزيزتي! دبي مدينة حيَّة، وقد سمعت صوتها الحنون، ذلك الصوت العميق

المتأني والممتلئ بالحكمة، والذي بدا لي للوهلة الأولى قديمًا قدم حجارتها الطينية التي تسند أسقف منازل من سبقونا إلى خور دبي. في كل مرة أغيب عن معالم دبي لفترة من الزمن وإن كانت وجيزة، أجدها قد اختلفت عن آخر مرة رأيتها فيها، تلبس حللًا عديدة وتعبق بأجواء متنوعة، لا تعرف السكون ولا الانتظار، ترينها منطلقة دائمًا وبأقصى سرعة كأنها في سباق أبدي مع الزمن! لا يمكن لكِ يا عزيزتي أن تريها بالثوب ذاته مرتين، بل في كل مرة ستجدينها مزينة بثوب جديد! وإن اعتقدت بسذاجة أنك ستألفين دبي في يوم من الأيام وتعتادين عليها، فأقول لكِ إنك مخطئة؛ جمعينا غرباء في هذه المدينة، وفي كل مرة نتجول في أرجائها سنشعر بأنها زيارتنا الأولى لها يا سارة.

لن تسلم دبي مفاتيحها لأحد، وسنبقى ما حيينا مجرد سائحين يستمتعون بأجواء هذه المدينة الحيَّة المفعمة بالنشاط، والتي لا تعرف النوم؛ ومهما مرت السنون وظللنا نحيا بين جنباتها، لن يخمد أبدًا ذلك الإحساس الداخلي بأننا مستجدين فيها، وبأننا ما زلنا لا نعرف شيئًا عنها. لست قادرًا على فهم هذه المدينة العجيبة، وربما هذا هو سرُّ سحرها الذي يبهرنا، ويجعل أفئدتنا تتعلق بها؛ ازدهارها المستمر وتطورها الذي لا يعرف الراحة، طريقة دبي في التحدث عن نفسها، وتحولاتها الدائمة وعنادها الصلب، صوتها الذي يصل إلى مسامع القلة، ويغفل عنه كثيرون بسبب أسلوب حياتهم الصاخب والمزدحم الذي منعهم من الإحساس بطاقة الحياة التي تغلي في كيان المدينة، وبسبب انعدام أوقات الفراغ في جدول حياتهم المكتظ، فانخدعوا بكل سهولة بتلك الطرقات الثابتة والأبراج الجامدة، وظنوا أن دبي مجموعة مركبة من أشياء جامدة.

لقد طلبت مني أن أصف لكِ دبي، وأنا أكثر من سعيد لتلبية طلبك، ولكنني أريد منك أولًا أن تجرِّدي عقلكِ من أية أحكام مسبقة ومشاهد

قديمة ما زالت عالقة في ذاكرتك عن مدينة دبي يا سارة، وأن تصغي بحذر وتنظري حولك بتمعن وتكرار ومن زوايا مختلفة حتى تري المدينة على حقيقتها، وتتجلى أمامك بكامل حلتها؛ وعندها سيلتقط أنفك عبق تاريخ دبي... إنها مدينة معمرة ولكنها في الوقت نفسه تواكب الزمن دون أي تشدد منها أو تعلق بالماضي، إلَّا أنها لا تتخلى عمن غادروها بل ما زالت تحتفظ بآثارهم! سيقودنا هذا العبق إلى المكان الذي أريد أن أصطحبك إليه ما إن أحطم الجدار يا عزيزتي! أود الهروب بكِ إلى الماضي، إلى دبي القديمة لتستنشقي عبق التاريخ الذي يفوح من حجارتها المتآكلة ومن مبانيها الطينية الممزوجة بالقش وقد انبثقت منها أعواد خشبية سميكة تزينها البراجيل التي تسمح للهواء البارد بالولوج إلى كل أطراف المبنى.

ليتك ترينها وهي تطل على صفحة المياه المتلألئة تحت أشعة الشمس، يا لجمال المنظر الخلاب، وتحديدًا عندما تشق السفن الخشبية ذات الطراز القديم المياه الراكدة، إذ تبدو كأنها قادمة من الماضي، تعلوها النوارس التي تمتطي كتل الهواء بكسل دون بذل أي مجهود في تحريك أجنحتها، وتزعج البحارة بتحليقها القريب. وبعض الطيور قد وصلت بها الوقاحة إلى أن تأخذ قسطًا من الراحة يتخلله إنزال بعض فضلاتها على أبدان تلك السفن!

سنتجول في سوق دبي القديم بين متاجر الذهب والفضة في الممر الضيق تحت القبة الخشبية التي تنفذ منها بعض أشعة الشمس، لتشكل ما يشبه الطرق الذهبية التي تقودك إلى السماء. سيزعجنا الباعة بصيحاتهم وتملقهم لنا كي نلقي نظرة على ما تزخر به رفوفهم من بضائع، ولكننا سنحافظ على سيرنا، ونغوص في عمق السوق إلى أن يعبق الهواء بروائح التوابل التي أتت من كل بقاع الأرض، وتكدست في أكياس كبيرة أمام أبواب الدكاكين. سنتوقف هناك قليلًا لتروي دبي ظمأنا بعصير الليمون الطازج، نبتاعه من

دكان يعود لبائع فارسي مسن، ويقف إلى جانبه صاحب دكان هندي لبيع التوابل، ويقابله بائع باكستاني يعرض في دكانه بعضًا من الأعشاب الطبية والخلطات. وفيما نحن نستمتع بعصير الليمون الطازج سيمر من أمامنا فوج صيني قدم للسياحة، جلهم من المسنين ويرتدون قبعات بيضاء قبيحة تقيهم من شمسنا الساطعة. أما ذلك الرجل وزوجته، فأستطيع التخمين من ثيابهما أنهما قدما من الشمال البعيد يا سارة، ربما أتيا من روسيا أو من إحدى الدول الإسكندنافية، فسكان تلك البلاد نجدهم دائمًا متعطشين للشمس ودفئها، ويرتدون أقل ما يمكن من الملابس حتى يضمنوا أن تتخلل أشعة الشمس جلودهم، تلك الأشعة التي حرموا منها في أوطانهم. وسنفسح المجال لذلك الذي يجر عربة مليئة ببضاعة أكثر من سعتها، ويستعجل الوصول بها إلى صاحبها.

وبعد ذلك سنكمل طريقنا، وما هي إلا بضع خطوات حتى يظهر أمامنا ذلك المشهد المهيب! لسان طويل من الماء يخترق اليابسة (الخور)، وعلى جانبيه سفن راسية تفرغ حمولتها، لا أدري من أي بلاد أتت؟ لكنها مختلفة الأحجام ويرتدي طاقمها أسوأ اللباس وقد تغيرت ألوانها واصطبغت بالأوساخ في أثناء رحلتهم الطويلة إلى هنا. يجتهد هؤلاء دون توقف في إنزال البضاعة، وكأنهم سرب من النحل النشيط يحوم حول خلية خشبية كبيرة، ويريدون إنهاء العمل في أسرع وقت حتى يعودوا إلى أوطانهم! وتختلط صيحاتهم مع صيحات الطيور المنتشرة حولهم، والتي تتقاتل فيما بينها بشراسة على فتات الخبز الذي يتركه المارة لها، وعلى ما تستطيع سرقته من تلك السفن أيضًا.

سنبقى هناك حتى يسدل النهار ستاره، ويتأهب الليل للحضور، وبعدها سنطلب من مدينتنا العزيزة أن تنقلنا بالزمن وتعود بنا مرة أخرى إلى الحاضر، تاركين لوحة الماضي تلك خلفنا.

تحت الأضواء الساطعة التي قلبت الليل إلى نهار، وبين تلك المباني الحديثة بأشكالها الهندسية المتنوعة، وعلى أنغام الموسيقى التي تصدح بها آلات موسيقية قدمت من شتى بقاع المعمورة لتطرب من يسمعها، وينتشي السامع حتى تتمايل أطراف روحه على إيقاعها ببهجة وسرور. سنسير بالقرب من المقاعد المسورة بأسوار لطيفة تزينها النباتات وبعض الأضواء الملفتة الصغيرة الموزعة على الأرصفة أمام المقاهي والمطاعم. سنسير ويدك بيدي... لن نبالي بالجالسين الذين أشبعوا الهواء بأحاديثهم... ولن نبالي بنظرات العشاق... ولن نبالي أيضًا بذلك النادل المحمل بأصناف الطعام والمشروبات الباردة والساخنة. سنكون كأننا وحدنا، نستمتع ونتبادل النظرات والابتسامات ونتشارك أطراف الحديث، أنا وأنت فقط رغم كل ما يحيط بنا من ضوضاء. ولا تقلقي يا عزيزتي، فهؤلاء جميعهم ليسوا سوى خلفية جميلة وضعتها لنا مدينتنا الرحيمة كي يكتمل أمامنا جمال اللوحة، وكي تضفي طابعًا رومانسيًّا على رحلتنا المنتظرة!

آه يا سارة، يكاد قلبي ينفجر، إنني أنتظر متلهفًا قدوم هذا اليوم! أريد أن أشاركك لحظات كتلك... أتوق لأن تجمعني بك الذكريات... آه يا عزيزتي، كل ما أريده هو شيء حقيقي ملموس أشاركه معك، وتتطلع روحي الظمأى للحظة كتلك.

أريدك أن تخرجيني من وحدتي وأريد أن أخرجك من وحدتك. أريد شريكًا صادقًا يعيش معي هذه التجربة، يشعر مثلما أشعر تمامًا وينظر إليَّ مثلما أنظر إليه، يخبئ لي في صدره مشاعر تعادل مقدار مشاعري نحوه تمامًا، أريد لقاءً يجمعني بك يتجرد من كل أنواع المجاملة، نكون على سجيتنا ونتصرف على طبيعتنا وبكل عفوية. نلقي أوراق ضعفنا وعيوبنا مكشوفة أمامنا بكل أريحية وثقة. أريد السير معك على التلال الذهبية ليلًا لعلنا نهرب

من صقيع الصحراء القارس، أريد أن أتأمل السقف المرصع بالنجوم فوقنا وأنت معي، وأريدك أن تتحسسي برودة الرمال بقدميك، وأن نتحدث بلا توقف. أريد الاستماع إلى صوتك وأنت تقصين عليَّ سيرة حياتك، وقد أسهو وأغرق في عذوبة صوتك في أثناء حديثك، فاعذريني مقدمًا! أريد... وأريد... وأريد... لكنني لن أطيل أكثر، وسأحتفظ بما تبقى لدي إلى أن يحين موعد لقائنا الأول.

سأنتظر... سأنتظر بسعادة حلول ذلك اليوم يا سارة!

ملحوظة: كانت ألذ وجبة تناولتها تلك التي طهوتها لي يا سارة.

المنتظِر خالد

6 فبراير 2020

عزيزتي سارة

أرجو من الله مخلصًا أن تكوني في تمام الصحة والعافية يا عزيزتي سارة. لقد مضت ثلاثة أيام دون أن أتلقى منكِ أي رد! لقد قلقت عليكِ كثيرًا، وبدأت تراودني أفكار مزعجة تقض مضجعي وتسرق النوم من عيني.

أخاف أن تكوني قد أصبتِ بمكروه ما، لا قدر الله! أرجوكِ طمئنيني على حالك يا سارة... لا أحتمل وسواسًا كهذا!

خالد

10 فبراير 2020

جارتي العزيزة سارة

لا أدري سبب امتناعك عن الكتابة لي! بحثت كثيرًا عن الأسباب، وصدقيني لم أجد سببًا واضحًا أبدًا. ظننت في البداية بأن عارضًا صحيًّا قد منعك عن الرد، ولكني رأيتك قبل يومين وكنتِ ذاهبة إلى الجامعة صباحًا. بدوت لي في صحة جيدة، فاستبعدت هذا الاحتمال، وأردت الاقتراب منكِ والحديث إليك، أردت إطالة النظر في وجهك البريء يا ذات العينين الخضراوين، ولكن إعراضك عن الكتابة لي في الأيام المنصرمة منعني من المبادرة!

يا إلهي، شعرت وكأنني أحترق من الداخل فيما كنتِ تبتعدين، لعنت خوفي، ولعنت نفسي الجبانة، وددت أن تحلَّ بي الشجاعة كي أعترض طريقك، وأخبرك ماذا فعل بي غيابك يا سارة. نعم إنه أسبوع فقط، ولكنه كان بالنسبة لي خيط سرمدي من الزمن لا ينتهي. بالله عليك يا سارة أخبريني عن سبب إحجامك عن الكتابة لي؟! أهو شيء قلته لك؟! أتماديت عندما ناديتك «حبيبتي»؟ إن كان ذلك هو السبب، أعدك بأنني لن أكرر تلك الكلمة. وإن بدر مني شيء أساء لكِ أو أزعجك، فاخبريني ما هو؟ وأعدك بأني سأصلح الأمر فورًا، ولكن لا تتركيني معلقًا هكذا! أكرر سؤالي لك، هل تماديت عندما ناديتك «حبيبتي»؟ إن كانت هذه الكلمة هي السبب، فأنا أتراجع وأنسحب وأعتذر وأطلب الصفح يا سارة.

تمزقني التساؤلات ويستنزف الانتظار حياتي من الأعماق! كل ما أفعله هو التفكير... التفكير بلا توقف! أفكر حتى في أثناء نومي وأستكمل التفكير حين أستيقظ من حيث توقفت يا سارة. توصلت إلى استنتاج أمور كثيرة في

الأيام الماضية، قد تكون السبب في توقفك عن مراسلتي، أنا أحمق وأعترف لك بهذا، فأنتِ كأي فتاة منطقية قد تتساءلين في قرارة نفسك إن كنت أنا جديرًا بثقتك؟! فالعالم مليء بالمعاتيه! وتأكدي تمامًا من أنني لا ألومك يا عزيزتي، لا ألومكِ أبدًا، وهذا حق مشروع لأي فتاة، لهذا دعيني أبدأ من جديد، أعطيني الفرصة كي أقدم لك نفسي بطريقة لائقة...

أنا خالد، أبلغ من العمر 25 عامًا، أعمل في شركة لتخليص المعاملات، وأعيش في شقتي وحيدًا. وإن راودتك الشكوك يا سارة، فأنا وحيد لأني فقدت والديَّ منذ زمن طويل. أنا أصغر إخوتي، وجئت إلى الدنيا متأخرًا ربما! عندما بلغت العاشرة من عمري كان والدي في السبعين ووالدتي في الخمسين. لا أحتفظ بأي ذكرى تجمعني بهما. كانت والدتي مريضة جدًّا ما أضعف قدرتها على العناية بي، وكان التهاب المفاصل يلزم والدي في مقعده طوال النهار. تكفل بي إخوتي بعد أن فقدت والديَّ في العام نفسه، وللأمانة عاملوني جميعهم بأفضل طريقة ممكنة وكنت المفضل لدى الجميع؛ ولكني مثلما قلت لك سابقًا، أتيت متأخرًا جدًّا، ففارق العمر بيني وبين إخوتي شاسع جدًّا وهذا حرمني من نعمة الأخ. عانيت من الوحدة منذ نعومة أظافري، ولعنة التأخر اتسعت حتى طاولت دراستي ومهاراتي الاجتماعية وحياتي برمتها الآن يا سارة. لقد عشت حياة قاحلة تندر فيها المشاعر، كانت روتينًا يوميًّا من الضجر والصمت والتفكر والتأمل، وأي تفكر وتأمل؟! كانت أسوأ الأفكار التي تخطر على بال بشر، والتي تستدعي الفزع الشديد. وكانت إحدى تلك الأفكار تتربع على عرش الخواطر المرعبة التي كانت تراودني؛ آه يا سارة، لطالما أبكتني تلك الفكرة! أن يتخلى عني إخوتي يومًا وأبقى وحيدًا بعد وفاة والديَّ! كانت هذه الفكرة هي العماد الذي تنتصب عليه حياتي، وأظن أن لا حاجة لي أن أخبرك عن الشعور حيال حياة عنوانها الرئيسي؛

الشك بأن يتخلى الجميع عنك! لذلك اعتمدت على نفسي، وحددت هدفي؛ أن أستقل في أسرع وقت ممكن، حتى أتفادى تلك الطامة التي كنت أظن مخطئًا بأنها قريبة الحدوث! احتجت إلى وقت طويل حتى أوقن بأن إخوتي ما كانوا ليتركوني أبدًا، ولكن ظروف حياتي شوهت عقلي وأفكاري، وهذا ما فعلته فعلًا! وما إن أنهيت دراستي ووجدت الوظيفة المناسبة حتى تركت المنزل وانطلقت في رحلة الاستقلال، وها أنا أعيش وحيدًا في الشقة الآن، كما كنت وحيدًا في منزل العائلة.

لكني سئمت يا عزيزتي... سئمت الانتظار. كنت أعلم أنك ستظهرين يومًا، كنت موقنًا من ذلك، ولكنني أخفقت! أخفقت في الاحتفاظ بالشيء الوحيد الذي رغبت فيه، وما يقتلني هو أنني ما زلت لا أعلم أين أخفقت؟! ولا أعلم إن كنت أملك فرصة أخرى؟! أرجوك يا سارة، لا تتركيني بهذا الأسلوب المؤلم... كلميني... عاتبيني... عنفيني فلن أبالي... ولكن إياك أن تتركيني وتبتعدي عنّي بصمت بعد أن تعلقت بك وامتلأ قلبي حبًّا لك. إنه الظلم بعينه، بل هو جحود كبير بحق الحب يا عزيزتي، حتى وإن كنتِ لا تشاركينني هذه العاطفة، فأنا محب يا سارة، ومن حقي أن أسمع منك الجواب أيًّا ما كان! فلا تتركيني بصمت وتدعي الصمت ينهش روحي ويستغولها على مضض. هذا ظلم، نعم، إنه الظلم بعينه!

لن أقول لك حبيبتي، ولكنني سأقول لك... أحبك.

جارك خالد

14 فبراير 2020

إلى خالد

أيها المجنون! إياك أن تظن أن ردي ترتب على ما فعلته صباح أمس يا خالد! أنا لا أكتب لك لأنك اعترضت طريقي وأرغمتني على التوقف والاستماع إليك على مرأى من الجميع. ما زلت أشعر بالحرج، فكل من في الشارع كانوا يحدقون بنا! أنت حقًّا مجنون يا خالد! ولكن أنا أكتب لك لأني لم أعد أحتمل، لقد توقفت حياتي في الأيام المنصرمة يا خالد، أنت لا تفارق أفكاري أبدًا، فلا أستطيع المذاكرة، ولا أستطيع إبعادك عن تفكيري. أشعر بفراغ تام ونقص شديد، أيامي موحشة، والدقائق كئيبة، والثواني طويلة!

نعم، ستجدني أناقض نفسي، أعلم هذا. فأنا قررت إخراجك من حياتي، وأنا توقفت عن الكتابة لك، وأنا حائرة وخائفة أيضًا؛ ليس منك يا خالد، ولكني لا أعلم ما الذي يجدر بي فعله؟! أشعر بالوحدة، وتخنقني العزلة رغم أني عدت إلى حياتي السابقة التي اعتدت عليها، والتي رضيت بها قبل أن أعرفك، إلا أنها الآن صارت تختلف كثيرًا! إنها خاوية جرداء لا ألوان فيها ولا مشاعر. أعلم يقينًا أن شيئًا فيها لم يتغير، ولكن أنا من تغيرت... كثيرًا.

أجل، يا لي من فتاة حمقاء وساذجة مثلما نعتني في كثير من رسائلك، احتجت للوقت وللتفكير كي أجد الإجابة، كيف لي بعد أن احتويتني بحنانك وكلامك العذب وجنونك وعاطفتك الدافئة أن أرى حياتي السابقة المجردة من كل شيء مثلما كانت قبل أن تقتحمها يا خالد؟! لقد أذقتني طعم الحياة، والآن أشعر فعلًا بأني فهمت مقصدك حين قلت سابقًا بأنك جسد حيٍّ بلا روح! هكذا كنت تمامًا في الأيام المنصرمة، بل هكذا كانت حياتي بأكملها قبل أن تبث الروح فيها يا خالد. ظننت سابقًا بأني فهمت قصدك، ولكن بعد

أن ذقت طعم الحياة الحقة في الأشهر القليلة الماضية، ثم جربت العودة إلى حياتي التي كانت قبل أن أعرفك على مدى بضعة أيام، علمت أني كنت مخطئة وأن فهمي كان ناقصًا! لا أريد العودة إلى تلك الحياة يا خالد، لا أريد العيش من دونك، هذا ما توصلت إليه في الأيام الأخيرة، وهذا ما يريده قلبي يا خالد. أريد أن نتشارك الحياة التي أخبرتني عنها في رسائلك، أريد تلك الحياة البهيجة ذات الألوان الزاهية التي حدثتني عنها، أريد حياة تجمعني بك ملؤها السعادة.

لك كل الحق في أن تغضب منِّي، ولك كل الحق في أن تعرف سبب محاولتي أن أخرجك من حياتي يا خالد! وأعلم جيدًا أن أي عذر لن يشفع لي، ولكنني رغم هذا أتوسل إليك أن تسمعني.

لقد أخفيت عنك سرًّا... أخفيته خوفًا من أن يحطم السعادة والسرور اللذين شعرتُ بهما منذ أن قابلتك. أعترف لك بأني مذنبة، فقد آثرت نفسي على الحقيقة يا خالد. انغمست في لذة الحياة الحقة التي حرمت منها زمنًا طويلًا. ولكني أجد نفسي في النهاية مجبرة على كشف هذا السر الذي خبأته عنك طويلًا. وكل ما أستطيع فعله الآن هو التمني! أتمنى من كل قلبي أن يكون حبك لي أقوى من هذا السر يا خالد، سأخبرك بكل شيء بالتفصيل، أعدك بذلك، وسأكون في غاية الصدق والصراحة معك.

كنت طفلة سعيدة لا تعرف الحزن، كنت كثيرة الكلام ودائمة الابتسامة والضحك، وكنت مفعمة بالحياة لا أطيق الجلوس أو التوقف عن الحركة؛ أنتهز أية فرصة للخروج من المنزل والتسكع بين أشجار الزيتون والبرتقال في مزرعة أبي، كانت مزرعتنا كبيرة ويقبع منزلنا في وسطها تمامًا. آه يا خالد، كم كنت سعيدة في ذلك الوقت. ما زلت أذكر تراب المزرعة الأحمر وخطوط الحراثة التي كانت تشقه صفوفًا متقابلة، وأذكر رائحته بعد المطر، وأصوات العصافير،

ومنظر السماء المثقلة بالسحب الضخمة وكأنها فوق رأسي تمامًا. أذكر أبي كيف كان يلاحقني بين الأشجار، وأسمع صدى ضحكاتنا وصراخنا يملأ المكان؛ كان عندي قطعة من الحصير أفترشها كل يوم في مكان مختلف، وكان هدفي التواري عن أنظار عائلتي! أجل، كنت فتاة حالمة، أجلس على الحصير، وأتقمص كل مرة دور شخصية ما! كانت الأم شخصيتي المفضلة، وهناك دور الطبيبة أيضًا، وبالطبع الدور الأفضل لكل فتاة كان دور الأميرة. وما زلت أتذكر ألوان طقم الشاي البلاستيكي، أتصدق ذلك؟ كان الإبريق بنفسجي اللون، وكانت لون الفناجين أبيض وكانت مزينة بخط ذهبي. أذكر حفلات الشواء الأسبوعية، التي كانت تبدأ قبل الغروب وتنتهي في وقت متأخر من الليل. وما زالت ذاكرتي تحتفظ بصورة يظهر فيها أبي واقفًا أمام نار الشواء، وأمي تجلس إلى جانبه تجهز قطع اللحم والدجاج المبهر وبعض الخضروات، فيما أخي الصغير منشغل بجمع الأغصان الجافة لوضعها في النار. في كل مرة، كان حفل الشواء يبدأ بالشجار! أبي يرغمني على الذهاب مع أخي إلى خم الدجاج لإحضار بعض منها، كنت أخاف خوفًا شديدًا من الحشرات المنتشرة بالقرب من الخم، وكانت فضلات الدجاج التي كونت قشرة سميكة فوق الأرض تصيبني بالغثيان، لذلك كنت أرفض بعناد تام الذهاب إلى هناك رغم إصرار أبي، إلَّا أنه كان ينجح دائمًا في إقناعي! كان عطوفًا جدًّا وحنونًا، كان يقف دائمًا إلى جانبي كلما بدأت أمي بتعنيفي، وما إن تذهب حتى يبدأ في مواساتي محاولًا إعادة البسمة إلى وجهي.

أنت تشبه والدي كثيرًا يا خالد! أجل، كان أبي مفرطًا في حماسه، فكلما أنجزت أمرًا ما أو عدت بعلامة جيدة من المدرسة كان ينفعل فورًا ويضحك بفخر، ثم ينهال عليَّ بكلمات المديح؛ كان أفضل أب في الدنيا. كنت سعيدة بعائلتي، وكانت حياتنا مليئة بالبهجة والسرور إلى أن بدأت الحرب!

لم نكن نشعر بالأحداث بسبب انعزالنا التام في المزرعة، وقد أكون مخطئة في تقديري، لأنني كنت صغيرة آنذاك، فلم يكن عمري يسعفني لاستيعاب ما يحدث، فكنت أظن أن كل شيء على ما يرام. بقينا متحصنين في المزرعة، ولم يكن أبي يغادرها إلا نادرًا. واعتدت أنا وأخي بعد فترة قصيرة على أصوات الطائرات المرعبة ودوي الانفجارات، ولم أكن أتخيل يومًا أن يصيب عائلتي مكروه، ولم يخطر ببالي للحظة أن تصل إلينا ظلال الحرب. وبسذاجة طفلة، كنت موقنة بأنها شدة وستنتهي نهاية سعيدة كقصص الأطفال التي اعتاد أبي أن يحكيها لي.

أذكر تلك اللحظات كأنني أراها الآن وبكل تفاصيلها. كان أبي يجلس على الأريكة يتابع الأخبار على التلفاز ويبدو عليه الإنصات التام، فيما كان أخي يلهو في حضنه، وكنت أنا أفترش الأرض بالقرب من قدمي أمي؛ نهضت أمي مسرعة بعد أن تذكرت إبريق الشاي الذي وضعته فوق النار، ومن المطبخ نادت: «أحضري أكواب الشاي يا سارة». وفيما كنت مع أمي في المطبخ وأبي وأخي ما زالا في الصالة، سمعت صوت صفير يمزق الهواء ويهبط من أعلى... صوت قادم من السماء فوقنا! هذا آخر ما أتذكره من حياتي قبل تلك الحادثة!

لا أدري ما الذي حدث بعد سماعي ذلك الصفير، ولا أدري كم طال الوقت حتى استفقت، ثواني... دقائق... ساعات... لا أدري. ولكني فتحت عينيي لأجد نفسي مستلقية خارج المنزل، وكان الدخان الرمادي السميك المنبعث من منزلنا الذي اختفى جزء كبير منه، يلتف على نفسه ويرتفع في السماء. لم أكن أشعر بأي ألم، ولكن ما أخافني أكثر أنني لم أكن أسمع شيئًا... إنه الهدوء التام! كان الصمت يناقض هول المشهد أمامي، وفي تلك اللحظات توقف عقلي تمامًا، وتوقف الزمن، ولم أكن أفكر بشيء...

امتلأت بفراغ فكري وعاطفي، كأنني خرجت من جسدي، وفقدت أي إحساس مادي أو معنوي. كنت أقرب إلى الجماد مني للبشر! هذا أفضل وصف وجدته للحالة التي أصابتني في تلك اللحظة.

خرجت أمي من بين ركام المنزل وقد غطتها طبقة من الغبار، وأذكر جيدًا كيف كانت تركض نحوي مترنحة، وكانت تصرخ دون أن أستطيع سماعها! اصطبغ جبينها بالدماء الممزوجة بذرات الغبار، وحملتني بين ذراعيها، وما إن تجاوزنا بوابة المزرعة حتى استقبلنا الجيران هارعين إلينا لإنقاذنا بعد أن سمعوا دوي الانفجار. في تلك الليلة غادر جميع السكان القرية خوفًا على حياتهم، وكنت أنا وأمي من بينهم. أما أبي وأخي الصغير فبقيا هناك تحت الأنقاض.

سرنا في تلك الليلة حتى تشققت أقدامنا متوجهين إلى المدينة، على أمل إيجاد ملاذ آمن يقينا شر الحرب المستعرة! أذكر جيدًا كيف ظللت أحدق بوجه أمي في أثناء سيرنا المضني، ما إن كشفته لي أشعة الشمس في الصباح التالي. أذكر جيدًا بقع الدماء الجافة التي ألصقت خصلة من شعر أمي بجبينها، كان الغبار الرمادي يغطي عينيها وأنفها ووجنتيها، كانت مرتعبة وتستغل كل فرصة تسنح لها لتتفحصني بيديها بحثًا عن عظام مكسورة أو جروح دون أن تخيفني أو تقلقني... أمي المسكينة!

لم أجد الوقت للحزن على عائلتي، فما إن وصلنا إلى المدينة حتى تم نقلنا إلى أحد المخيمات! وبدأت رحلة أخرى من المعاناة لا تختلف كثيرًا عن معاناتنا من ويلات الحرب؛ كانت أيامًا باردة مخيفة، وكانت مياه الأمطار شبه المتجمدة تتسلل إلينا من كل منفذ، مغرقة فراشنا وكل أمتعتنا. كان الموت يحاصرنا بردًا وجوعًا من كل مكان من السماء ومن الأرض. أبلغتنا مؤسسة الصليب الأحمر بعد أيام عدة، أن متطوعيها وجدوا جثماني أبي وأخي، وحرصوا على دفنهما بحسب الإجراءات المتبعة.

قذفني الانفجار خارج المنزل في تلك الليلة، وهذا سبب بقائي حيَّة حتى الآن، أما أمي فقد خرجت منه بمعجزة! لقد وقف القدر إلى جانبنا في تلك الليلة يا خالد! ومع أني أصبت بضرر شديد ودائم في طبلة أذني وتعطلت حاسة السمع لديَّ تمامًا وأصبحت صماء، وأصبت بالخرس الفجائي أيضًا نتيجة الحادث، إلا أننا كنا محظوظتين.

صار شغل أمي الشاغل بعد تشخيص الأطباء إيجاد طريقة لعلاجي. لم تترك طبيبًا إلا وقصدته، وأصبحت مختبرًا للأدوية ولكن دون فائدة! ظننت في البداية أن أمي قد استسلمت ورفعت الراية البيضاء منذ زمن، ولكنني كنت مخطئة، فقد كانت تبحث وتسأل بلا كلل، وإنما من دون علمي حتى لا تشعرني بالضيق أو بالذنب. ولاحت لنا فرصة مغادرة المخيم بعد أن مكثنا فيه سنة كاملة، لم تتوانَ أمي عن انتهاز تلك الفرصة، فالمرء يموت في المخيم ببطء شديد وحسرة!

وفعلًا تركنا المخيم وانتقلنا إلى الإمارات، وعملت أمي ممرضة في مستشفى خاص في دبي. كانت البدايات صعبة جدًّا، ولكن بفضل الله سرعان ما استقر حالنا وزاد مدخولنا الشهري، واستعدنا شيئًا من الإحساس بالأمان والاستقرار في حياتنا مرة أخرى!

ورغم أني استعدت القليل من سمعي بفضل سماعات الأذن المتطورة التي أحضرتها لي أمي، إلا أنني ما زلت بكماء يا خالد. فشلت كل محاولات علاجي! قال الأطباء إنها حالة نفسية مؤقتة، لكنها مستمرة منذ تسع سنوات! تخيل، لم أنطق بحرف منذ كنت في العاشرة من عمري يا خالد. وازدادت حياتي صعوبة مع مرور السنين، لم أعد أجد أمي حولي لانشغالها الدائم في العمل، ولم أستطع التواصل مع أحد غيرها بسبب إعاقتي التي لم أتكيف معها بعد! فأنا لم أولد هكذا، ولا خبرة لدي كي أواجه حالتي بعد.

لازمتني الوحدة القاتلة والعزلة الشديدة سنوات طويلة حتى ظهرت أنت يا خالد! ولكني أسأت إليك كثيرًا بحكم قلة خبرتي. فأنا كما قلت لك سابقًا قضيت معظم سنوات عمري في غرفتي، ولا أجيد التصرف في مثل هذه الأمور!

كنتَ أنت أول من رآني في المصعد. كنتَ أول من نظر إليَّ بتلك الطريقة يا خالد! امتلأ قلبي بالخوف ولم أدرِ ما يجدر بي فعله! ما إن فتح باب المصعد حتى انطلقت بأقصى سرعتي، وقد أصابني الرعب والتوتر الشديد. سمعتك، ولكني لم أعرف ما قلته لي في تلك الليلة رغم أني كنت أضع السماعة! بقيت عيناك تراود مخيلتي في تلك الليلة. لن أنسى نظراتك الأخيرة أبدًا ما حييت، كانت حزينة ومكسورة. شعرت وكأنني قد قتلت روحك في ذلك اليوم يا خالد، وصدقني لم تغمض لي عين تلك الليلة، ولم أكن أعلم كيف أعوضك وأنا لا أستطيع التحدث معك، وخفت أن تتراجع ما إن تعرف أني بكماء!

لم أكن مستعدة للتخلي عن هذا الشعور، شعور دافئ ومريح؛ أن شخصًا آخر يبدي اهتمامه بي. انتصف الليل وأنا ما زلت غارقة في حيرتي، ثم فجأة! لمعت ببالي فكرة الرسالة! لا أدري من أين أتتني الفكرة، ولكنها كانت بالنسبة لي الفكرة الأفضل في ذلك الوقت، وقد دفعني فضولي بإصرار لمعرفة نواياك والسبب وراء تلك النظرات، وبعدها توالت الرسائل بيننا، وأخفيت عنك سري بنيَّة المحافظة على اهتمامك بي يا خالد! وأقسم بالله، لم أكن أنوي خداعك، وإنما أردت إطالة اللحظات الجميلة التي عشتها قدر المستطاع. لكنك صدمتني، أجل... فقد أغرقتني في بحر، لا بل في محيط من المشاعر النبيلة.

أنا يا خالد أشعر بالذنب في كل مرة أقبل فيها على الحياة، أشعر بأني أخيب ظن أبي وأخي في كل مرة أحاول الابتسام أو الضحك أو حتى الاستمتاع!

أشعر بأني جحودة بحقهما وأن من واجبي أن أبقى حزينة على رحيلهما. وأقسم لك أني أعلم أن ما أقوله ضرب من الجنون، وأعلم أن والدي يتقلب في قبره الآن متحسرًا على حالي ورافضًا لهذه الفكرة يا خالد، ولكني لا أستطيع نزعها من رأسي، لا أستطيع! ربما شوهت ويلات الحرب وذكرياتها العالقة في رأسي تفكيري، فالذنب يعتصرني مع نهاية كل ابتسامة ترتسم على وجهي، ويقطع الذنبُ أيةَ لحظة استمتاع أعيشها؛ وأمقت نفسي، فكيف لي أن أبتسم أو أستمتع وكأن أبي وأخي ما زالا على قيد الحياة؟! أسئلة المعاتبة تلك، رغم أنها غير منطقية، إلَّا أنها كونت قضبانًا حديدية تحبس مشاعري وتمنع أي محاولة مني للإقبال على الحياة!

ولو تدري ماذا فعلت بي رسائلك يا خالد؟! كان قلبي يقفز مبتهجًا ويرقص بجنون مع جنون كلماتك، وكنت أضحك وابتسم وكأني ألهو في حديقة كلماتك يا خالد! بكيت في بعض الأحيان ولكنه كان بكاءً إيجابيًّا فيه حنين وشوق للحياة التي افتقدتها طويلًا! أما تلك الصفات، فقلبي ينقبض بشدة مع كل وصف تصفني به يا خالد، وكأنك تقف أمامي وتناديني! لم يغضبني يومًا أي وصف من تلك الأوصاف، ولم أغضب عندما قلت لي حبيبتي، عزيزتي، صديقتي، جارتي، بل على العكس تمامًا. كنت سعيدة جدًّا ولا أدري ما الذي حدث! إنها المرة الوحيدة التي لم يخنقني الذنب فيها، ولم يقطع تأنيب الضمير متعتي يا خالد. لا أدري إن كنت قد تخلصت من عادتي السيئة أم أن المشاعر الجارفة التي غمرتني بها كانت أقوى من أي شيء آخر. انغمست في الحياة التي أريتني إياها، ونسيت أو تناسيت الحقيقة التي أخفيتها عنك، وتماديت كثيرًا حتى صار من الصعب عليَّ أن أتوقف!

صعقتني أمنيتك بأن تسمع صوتي، وأعادت لي ذكرياتي التي تناسيتها، وأرجعتني إلى الواقع المر. أنا أضعف من أن أواجهك يا خالد، ولهذا قررت

بكل حماقة أن أبتعد. ومع ذلك أجد نفسي في نهاية كل يوم أنتظر رسالتك!

أنا حائرة وخائفة جدًّا يا خالد، لا أدري كيف ستكون حياتي من بعدك؟! ولا أدري ما الذي يجدر بي فعله؟! لقد كانت أيامي الماضية شبيهة بالجحيم! لقد أخطأت وأقر بذنبي، لم يجدر بي إخفاء حقيقتي عنك، أو التصرف بهذه الطريقة الساذجة يا خالد! لا أجد ما أقوله لك سوى اعذرني أرجوك! تمسَّكي بالأمل الذي لاح لي عزز أنانيتي ولم أفكر إلَّا بنفسي، ولكن رغم ذلك لا أريد منك أن تظن ولو للحظة أني حاولت خداعك يا خالد، فهذا مستحيل!

الآن صرت تعرف كل شيء عني، أنا سارة الفتاة الصماء والبكماء التي خدعتك دون قصد، وكانت السبب في ألمك! وأخيرًا... ها أنا قد قلت لك الحقيقة كاملة، ولم يعد هناك شيء مخفي.

سارة

1 مارس 2020

إلى حبيبتي سارة...

لقد عادت العصافير للغناء، وعاد قلبي لينبض من جديد، وها هي الشمس مشرقة اليوم والهواء منعش. أشعر بالحياة تنتفض في داخلي وبالمدينة تضج أمامي بكل ما فيها؛ لا أدري إن كان هذا توهمًا أم أن كل من في دبي سعيد في هذا اليوم أيضًا؟! أيعقل أن تكون الحياة بهذا الجمال يا سارة؟! أشعر بألم في وجنتي من شدة الابتسام! أنا سعيد، أتصدقين؟ من كان يظن أن بائسًا مثلي سيقول إنه سعيد؟! نعم أنا في غاية السعادة، وواقع في حبكِ الشديد يا سارة!

آه يا فتاتي الساذجة، لو أنك تعلمين حجم حبي لك ما كابدت عناء كتابة رسالتك السابقة. أظننت فعلًا بأن أمرًا بسيطًا سيمنعني عن حبك؟ حقًّا؟! وإن كنتِ لا تستطيعين الكلام يا سارة فأين المشكلة؟! ومن قال لك أننا بحاجة إلى الكلام أصلًا؟! أليست لغة العيون والقلوب أليست أفضل بمليون مرة من الكلمات العقيمة التي لا توفي المشاعر المكبوتة في داخلنا حقها يا عزيزتي سارة؟! عجزك عن الكلام هو في الحقيقة امتياز لي، لأنه سيعطيني المزيد من الوقت والعذر المقنع كي أتأمل عينيك الخضراوين يا سارة، وأطيل النظر في جمال قسمات وجهك البريء يا أجمل من رأيت!

أنا أيضًا كنت أنانيًّا حين فرضت نفسي عليك، لهذا لا أجرؤ على لومك أو معاتبتك يا سارة، فأنا مثلك كنت أبحث عن الحياة، لذا أرجوك، كفي عن لوم نفسك.

حسنًا! لقد وعدت نفسي ألَّا أطيل الكتابة كي تصلك الرسالة في أسرع وقت ممكن. كل ما أريد قوله لك في هذه اللحظة يا عزيزتي، إن حبي لك في ازدياد دائم ولن ينقص أبدًا، وإن قلبي تقطع أجزاء حزنًا على ماضيك

الصعب الذي تحملته مضطرة، ولا أجد ما أواسيك به على فقدك! ولكني أعدك بأن أفعل المستحيل كي تحظي بحياة سعيدة، ولن أسمح للتعاسة أن تصل إليك يا سارة. سأعلن الحرب على حزنك، ولن أتوقف إلَّا بعد أن يندحر من حياتك بلا رجعة! أجل، هذا ما سأفعله من أجل حبيبة قلبي سارة، سأكون إلى جانبك دائمًا وأبدًا.

أنا يا سارة، وبعد زمنٍ طويل وجدت حياتي، وشعرت بإنسانيتي، وحظيت بما يستحق العيش من أجله. سارة أنت كل ما أريد، ولا أحد يسعدني غيرك، ولا أحد يشعرني بالحياة سواك. لقد كنت مغيبًا طوال الوقت، كنت رقمًا مجردًا من الحياة، يمتطي طرقات دبي ويستريح في ساحاتها! آه يا سارة، لو تعلمين الفراغ الذي كان يملأ صدري قبل ظهورك. لو تعلمين عدد المرات التي بكيت فيها بلا سبب، والمرات التي سرحت بنظري فيها إلى السماء لساعات طوال. وكنت أتساءل عن سبب هذا الألم الروحي المستمر وجدوى معايشته؟! لم أجد يومًا أي تفسير لتشبع حياتي بشتى أنواع المشقة والألم؟! ولكني أظن بأني قد حصلت على الإجابة الشافية أخيرًا!

إنه اختبار من القدر، نعم... إنه اختبار لنا كي نقدِّر نعمة الحياة، ونستشعر السعادة إلى أقصى حد، بعد أن عرفنا التعاسة يا سارة! نحن في اختبار، وبكل صدق وشفافية، أجد اختبار المعاناة هذا عادلًا ومنصفًا إذا كانت مكافأة نجاحي فيه هي أنت يا سارة...

محبك إلى الأبد... خالد

2 مارس 2020

الفصل الثاني
القدر

إلى خالد...

كيف أصبحت يا خالد؟! طمئني كيف حالك؟! لقد أخبرتني الطبيبة أن نتيجة فحصك كانت إيجابية! هل تعاني من الحمَّى والسعال وضيق في التنفس؟ وهل لديك آلام في المفاصل؟! أخبرني رجاءً كي يرتاح قلبي في أسرع وقت. قالت لي الطبيبة مريم إن حالتك مستقرة ولم تظهر الأعراض عليك حتى اللحظة لذا فلا داعي للقلق، ولكنني بصراحة لم أستطع تصديقها!!

بكيت بحضورها حتى تورمت عيناي... إنها امرأة طيبة القلب، لقد تعاطفت معي ووعدتني بأن تحمل هذه الرسالة إليك! أنا بخير، لا تقلق عليَّ يا خالد، ورغم أن نتيجة فحصي جاءت إيجابية أيضًا، إلا أنني لا أشعر بأي عارض حتى الآن، ولله الحمد.

آه يا خالد! أنا آسفة حقًّا!، يبدو أني أجلب لك الحظ السيئ! وما إن تخرج من بلاء حتى أدخلك في آخر!! سامحني يا جاري، لم أجد أحدًا غيرك ألجأ إليه! فجعت عندما أيقظت أمي فجرًا كي تذهب إلى عملها! كانت تئن وتلهث وتتصبب عرقًا، وبصعوبة كانت قادرة على التقاط أنفاسها! لم تستطع ترك فراشها رغم محاولاتي المتكررة لجعلها تنهض، وكأن أطرافها قد شلت! وعندما لامست رقبتها شعرت بسخونة جسدها، وكأنها خرجت توًّا من فرن مشتعل! خفت على أمي، وظننت للحظه أني سأفقدها!

لم أكن لأتخيل، حتى في أسوأ الاحتمالات، أن يصل هذا الوباء إلينا! ظننته سيبقى بعيدًا في شاشات التلفاز ونشرات الأخبار، ولكن بحكم عمل أمي في قطاع الصحة حدث ما حدث. ويبدو أن العدوى انتقلت إليَّ ثم إليك في أثناء نقلها إلى المستشفى. أمي المسكينة، لم أرها حتى الآن ولا أعرف

شيئًا عنها، وأتمنى أن تكون بخير! أخبرتني الطبيبة أنها في قسم آخر غير الذي نتواجد فيه أنا وأنت يا خالد، وذلك بسبب وضعها الصحي الذي يستلزم عناية أكبر ومراقبة دائمة.

أشعر بالاطمئنان وبالأمان أيضًا يا خالد... قد تتعجب، ولكنها الحقيقة، فهذا ما أشعر به! طُمأنينتي تنبعث من معرفتي المسبقة عن هذا الوباء العالمي «كورونا»؛ إنه يمتلك القدرة على الفتك بالمسنين والأطفال، وقد يودي بهم إلى الموت في كثير من الحالات! ولكن يختلف الأمر كثيرًا عندما يتعلق بالمراهقين وحتى من هم دون الخمسين من العمر؛ المصابون بالوباء من هاتين الفئتين قد يمرون بأيام طويلة وشاقة من الحمَّى والسعال وألم الأطراف وضيق التنفس، ولكنهم في النهاية يتغلبون على الفيروس، حتى إن بعضهم يشعر بهذا الوباء كأنه أنفلونزا عادية! وهناك القسم المحظوظ صاحب المناعة القوية والذي لا يشعر حتى بأي أعراض لهذا الوباء رغم أنه يسكن جسده! لهذا أنا مطمئنة وواثقة بالله بأننا سنخرج منتصرين من هذه المحنة التي حلت علينا، فأمي ما زالت في الثالثة والأربعين، وأنت في الخامسة والعشرين، وأنا في التاسعة عشر؛ أما سبب شعوري بالأمان، فهو نابع من تواجدك بالقرب مني!

أرجوك يا خالد، رد على رسالتي بأسرع وقت ممكن. وأرجو أن تكون الطبيبة محقة بشأن حالتك الصحية؛ ولا تنس أن تشكرها، لقد قدمت لنا معروفًا لن أنساه أبدًا.

سارة

20 مارس 2020

إلى عزيزتي سارة

أحمد الله، لقد كنت في غاية القلق عليكِ يا عزيزتي وعلى والدتك أيضًا. لم يغمض لي جفن طوال الليالي المنصرمة، وحاولت بكل الطرق الوصول إليك، ولكن الخروج ممنوع، ولا يسمح لنا بترك الغرف، والزيارات ممنوعة منعًا باتًّا أيضًا.

أردت الاطمئنان على حالكِ، ولكنني لم أستطع! كدت أجن يا سارة! أنهكتني الأفكار والاحتمالات التي ظلت تقفز إلى رأسي دون توقف! يا إلهي... ظننت بأن مكروهًا قد أصابك! آه يا حبيبتي سارة، لا أحتمل العيش مع أفكار كهذه! كيف أنت الآن؟!، كيف صحتك؟! أتشعرين بأي ألم؟! ماذا قال لك الأطباء يا سارة؟! أرجوك أخبريني بكل التفاصيل، وإياك والقلق يا عزيزتي سارة، أطمئنك، أنا في أفضل حال والحمد لله، وكل شيء على ما يرام.

سلمتني الطبيبة رسالتك، وقالت إنها ستستريح وتعود مع الفجر، لهذا لن تصلك رسالتي الليلة بل في الصباح. أعتذر يا عزيزتي، ولكنني سأغتنم الوقت لأخبرك عن مدى فرحي برسالتك يا سارة؛ لو تعلمين حجم سعادتي وارتياحي الآن، فرسالتك أعادت إليَّ الحياة من جديد. ظننت أني لن أتمكن من محادثتك كما اعتدنا لأجل غير معلوم! واستعدت شعورًا قديمًا أمقته يا عزيزتي! تلك النافذة الصغيرة والجدران الضيقة والصمت المطبق لساعات، أعادوا إلى ذهني ذكرى أليمة كنت غارقًا فيها لوقت طويل من حياتي... الوحدة يا سارة!

ظننت أني الوحيد المتواجد هنا، ومعي ذلك المسن الذي لا تنفك الممرضات تساعدنه في كل مرة يقبلن إلى حجرتي الصغيرة. أشعر بأني أعرفه!

نعم، أشعر بأني أعرف ذلك المسن، ولا أدري لماذا يفيض صدري بالمشاعر الجياشة في كل مرة يخطر على بالي! أتخيل لحيته البيضاء، وخطوط الزمن التي نحتت وجهه. وأتخيله حاملًا كوب الماء بيديه المرتجفتين، بعد أن أعانته الممرضة على الجلوس معتدلًا، ويغطيهما جلد مترهل ملتصق بالعظم لشدة نحالته! أرى عينيه ذابلتين يا سارة، وأراه متكورًا على سريره يصارع الحمى والألم والسعال وحيدًا! إنه وحيد يا سارة! أتعلمين قسوة هذا الشعور يا عزيزتي؟! أن تتوقي يائسة للمسة حنونة تعينك على الصمود أمام الألم، وأن يشاركك أحدهم معاناتك، ويرفع عن كاهلك ولو جزءًا متناهي الصغر منها، ويبتسم لك رغم الألم، ويقول: «كل شيء سيكون على ما يرام».

لم يزره أحد حتى الآن بسبب سياسة المستشفى، وذلك خوفًا من تفشي الوباء. ولكنني سمعت الممرضة تقول لزميلتها إن أحدًا لم يسأل عنه حتى الآن! بدت متعجبة كثيرًا ومحبطة ومشفقة على حال المسن. لم يسأل أحد عنه! ولا حتى باتصال قد لا يستغرق أكثر من دقيقة من وقته! أتدرين يا سارة؟ ما إن خرجت الممرضتان من الحجرة حتى امتلأت عيناي بالدمع وخنقتني عبراتي، فهو مسن مسكين، لقد أشفقت على حاله وتعاطفت معه.

ولكنني اكتشفت لاحقًا وبعد تفكير مطول سببًا آخر لدموعي، إنه شيء مدفون في أعماق أعماقي استفزه حال المسن فظهر على السطح؛ إذ رأيت في ذلك المسن نسخة مستقبلية لذاتي يا سارة! ولا شعوريًّا رأيت نفسي ذلك المسن! أجل، ولولا ظهورك في حياتي لانتهى بي المطاف وحيدًا، مثله تمامًا!

آه يا سارة... لو كنت من المؤمنين بالحظ لقلت بأننا أكثر البشر نحسًا! ولكنني أعلم جيدًا بأن الحظ كلمة نسجها خيال البشر ولا وجود لها على أرض الواقع؛ لم يترك القدر شيئًا للصدفة، لقد رسم لنا الطريق بأدق تفاصيلها قبل أن تطأ أقدامنا الأرض. لم تفته شاردة ولا واردة، وكل ما نراه ونسمعه

ونشعر به هو من خطط القدر، وكل ما يحدث في حياتنا هي ترتيبات من القدر لهدف قد نعلمه في النهاية وربما لن نعلمه! انظري إلى مجريات حياتي وحياتك مثلًا، انظري للمحن والأحداث التي اضطررنا لخوضها حتى تتقاطع طرقينا في الحياة أخيرًا! أهذه صدفة؟! أن يجتمع اثنان هما بأمس الحاجة إلى أن يكملا بعضهما بعضًا؟! كلا ليست صدفة، بل هناك هدف، وقبل الهدف يجب أن يزودنا القدر بما يملك من أدوات حتى نكون مستعدين لهذا اللقاء عندما يحين الوقت. أجل، لم يترك القدر شيئًا للصدف ولحسن الحظ أو لسوئه! كل شيء يحدث لسبب يا عزيزتي سارة.

أنا متفائل، متفائل جدًّا، وأظن أن هذا الوباء محنة القدر الأخيرة التي تفصلك عني يا سارة، سنجتازها بإذن الله، وبعدها سأفي بوعودي كلها لك، وخاصة ذلك الوعد الذي يتربع على قائمة الوعود. لقد قطعت وعدًا على نفسي بألا أهدأ حتى أراك سعيدة بمجرد أن نخرج من هنا، سأقضي على كل أحزانك وأعيد البهجة والفرحة إلى قلبك مرة أخرى. أعدك يا سارة بأني سأبذل كل جهدي في سبيل تحقيق هذا الوعد، ولكننا الآن لا نملك سوى الانتظار والترقب حتى يزول الوباء أو نشفى منه!

أنا أتعجب يا سارة من الحنين الذي يغمرني، فيما أمكث هنا منتظرًا زوال هذه المحنة! حنين لأمور لم أكن ألقي لها بالًا قبل أن أُحجر في هذه الغرفة! كوب القهوة الساخن في الصباح، وتلك اللحظات القصيرة الفاصلة بين ارتدائي ثيابي وخروجي إلى العمل، كنت أقضيها على كنبتي أحتسي القهوة، وأنا أفكر في أبسط الأمور التي قد تخطر في البال وأشدها تفاهة. أتذكر أمورًا حمقاء كثيرة كنت أفكر فيها في أثناء تلك اللحظات الهادئة. ورغم أني محرج منها، فسأخبرك عن بعضها يا سارة؛ عند فجر اليوم الذي أتينا فيه إلى المستشفى مثلًا، كنت مستغرقًا في التساؤل إلى أي حدٍّ يمكن أن

يذهب التجار من أجل ابتكار طريقة جديدة لتحضير قهوة تلقى الاستحسان، وتدر عليهم أرباحًا وتميزهم عن بقية منافسيهم؟! ومن ذا الذي سيقبل احتساء قهوة استخرجت حباتها من براز حيوان بري يدعى الزبَّاد؟! أهناك حقًّا من هو مستعد لشرب قهوة خرجت من أمعاء حيوان؟! ومن أين أتت هذه الفكرة الجنونية لذلك التاجر؟! أم أنها عادة متوارثة لدى شعوب قديمة، وأحيا أحدهم هذه الطريقة في تحضير القهوة؟ كوب القهوة الواحد المعد من الحبوب التي أتت من أمعاء الزبَّاد يباع بستين دولارًا! هذا عجيب!

وأتساءل أيضًا هل يا ترى سيضع رجل التوصيل قوارير مياه الشرب بعيدًا عن باب الشقة اليوم مثلما يفعل دائمًا؟ أم أنه سيشفق على حالي ويصفُّها قريبًا من الباب؟! أظن أن الأمر يعتمد على مزاجه! آه... تذكرت، اليوم موعد مباراة نادي الوصل، إنه أسوأ موسم له ولا أريد مشاهدة المباراة، فأداؤه الضعيف صار يستفزني حقًّا، ولكني لا أملك شيئًا آخر أفعله!

وأفكر هل سأرى سارة اليوم؟! أريد أن أبدأ صباحي برؤية وجهها الجميل! أريد التحديق في عينيها الخضراوين. تبدو كطفلة بريئة وهي تحتضن كتبها. سأكتب لها اليوم أنها تبدو كطفلة عندما تسير وهي تحتضن كتبها!... كلا... قد تنزعج مني! لا أظن أن كلمة «طفلة» مناسبة! سأكتب لها أني أرى الصفاء البشري والطيبة وحسن النية في وجهها، وسأكتب لها أن قلبي يذوب في كل مرة أراها فيها. أبحث عن كلمة تفوق كلمة الحب في وصف الحب، ما تلك الكلمة يا ترى؟! لا بد أن الشعراء قد وجدوا كلمة تعبر عن الحب وتصفه أفضل من كلمة أحبك! يجب أن أبحث عنها...

أفكر بشقتي الضيقة وجوِّها العابق بذرات الغبار بسبب سوء التهوية فيها؛ وأرى التشقق الكبير في سقف الصالة رغم إنني أرقد في المستشفى؛ وأستعيد قطرات صنبور المياه التي لا تتوقف وتكاد تصيبني بالجنون في كل مرة أعجز

فيها عن تشتيت انتباهي عنها؛ وأستحضر كنبتي، وسرحان فكري في الأفق من خلال الشرفة، وتحية حارس البناية البشوش كل صباح، ورائحة النباتات المصطفة على المدخل، ومحطة المترو والانتظار بين الجموع الغفيرة. لا أدري لماذا! ولكنني أحن للزحام صباحًا في مقطورات المترو، وتكدسنا فيها. أذكر ذلك اليوم حين تعطل أحد القطارات وتوقف في وسط الطريق بسبب الحمولة الزائدة، ما اضطر الركاب إلى إكمال الطريق سيرًا على الأقدام، لقد كان منظرهم مضحكًا وهم يسيرون خلف بعضهم بعضًا وكأنهم قطار بشري بطيء! كثيرون تأخروا عن عملهم في ذلك اليوم، وأنا كنت واحدًا منهم!

وأذكر أيضًا ذلك الشعور الذي يخالجني ما إن أجلس على مقعدي خلف طاولة الاستقبال؛ في تلك اللحظة خاصة، تختلط مشاعري بين الرضا والافتخار! أنا يا سارة آخذ عملي على محمل الجد، لذلك أشعر بالارتياح حين أنجز مهام وظيفتي على أكمل وجه! وأذكر جولاتي القصيرة في الليالي الباردة، حين يقتلني الملل في شقتي، فأفر منها خارجًا! أشتاق للشعور بالبرد وللسير وحيدًا؛ ولتلك الأجواء الأسرية التي أصادفها في أثناء تجوالي قريبًا من تجمعات العائلات والأصدقاء في الساحات والمنتزهات والشوارع الترفيهية، وعلى الرغم من أنني لا أعيشها إلا أنني أستمتع بها وأنا أشاهدها... أشياء أخرى كثيرة لا أتذكرها الآن، ولكنها تشترك مع ما ذكرته في البساطة والعفوية المطلقة.

هذه هي الذكريات التي تقفز إلى رأسي وتزيدني حنينًا! فأصغر الأشياء وأقلها لفتًا للانتباه يوقد الحنين في داخلي، حاملًا معه كل ما أتذكره من حياتي التي أحسبها طويلة بما يكفي! بدأت أظن أن الحياة الفعلية تكمن في تلك التفاصيل الصغيرة التي لا يلقي المرء لها بالًا إلا عند فقدها! نعم... سعادة المرء وتعاسته تصنعهما تلك التفاصيل الصغيرة التي تبدو غير مهمة يا عزيزتي! بت متأكدًا الآن أن للحياة عجلة يا سارة! أجل، عجلة لا تتوقف

أبدًا ولا تنتظر أحدًا، أراها من النافذة الضيقة في غرفتي هنا في المستشفى؛ كل شيء يمضي ويسير للحاق بعجلة الحياة المتحركة في الخارج، كل شيء دون استثناء! أشعر بالحياة وهي تبتعد، ولكنني لست قلقًا، لقد عشت حياتي حتى اللحظة متخلفًا عنها. اعتدت على العيش في نهاية الركب، حيث تبهت الأضواء، ويقل الانتباه لوجودي، وتندر الأرواح من حولي! في النهاية نجد أدنى مميزات الحياة ومتاعها، المكان أشبه بصحراء جرداء! أجل، لا يصل إليه إلا القليل مما تزخر به الحياة من أشياء جميلة محفزة لحب الحياة والتعلق بها.

دعيني أوضح لك أكثر، أشعرتِ يومًا بأن كل من حولك أفضل منك؟! وأن الجميع سعداء ما عداك؟! وأنهم كلهم من دون استثناء يعرفون ما يريدون وأنت ما زلت غارقة في حيرتك؟! أشعرت يومًا بمدى حيويتهم وحماستهم المفرطة تجاه الحياة وحدثت نفسك متعجبة عن سبب تمسكهم بالحياة التي تبدو لك قاحلة جرداء لا يوجد فيها ما يستحق أن نتعلق به؟!

إن راودتك تلك المشاعر والتساؤلات، كلها أو معظمها، تكونين ممن سبقتهم عجلة الحياة! نعم... وهذه المجموعة تنقسم إلى قسمين، الأول ويمثل الأكثرية، وأفراده لا يقبلون وضعهم ويصرون على اللحاق بالركب، وهذا يعني بذل مجهود مضاعف... ساعات إضافية... تملق... غض للبصر عن كثير من الأمور، ولا بد من تقديم بعض التنازلات!! سيشعرون بالنقص لاحقًا عند أول فرصة للمقارنة تسنح لهم!!

أما القسم الثاني، وهم قلة قليلة، قرروا النأي بأنفسهم عن السباق المحتدم من أجل اللحاق بعجلة الحياة! ليس بالضرورة استسلامًا منهم، بل ربما عن قناعة أو رضا بما لديهم؛ ربما يرون أن الأمر برمته لا يستحق العناء! لا أدري صفاتهم بالتحديد يا سارة، ولكنني أعرف الكثير منها، فأنا واحد

منهم، إنهم هادئون بقلوب طيبة، ولديهم الوقت للتوقف وتأمل الغروب، وتطير قلوبهم عند رؤية عصفور على شجرة أو جراء قطط تتشاجر بظرافة، ويمتلؤون بالسعادة إذا أوقفهم غريب طلبًا للمساعدة، أو ابتسم لهم طفل صغير انتبه لوجودهم! مشاعر هؤلاء مرهفة إلى درجة أن مشهدًا حزينًا كفيل بإدخالهم في دوامة من الكآبة تطول لأيام، وكلمة حلوة وبسيطة تخرجهم من الدوامة إلى جنة أرضية مفعمة بالألوان الزاهية! يفركون أناملهم بتوتر حين يأتي دورهم في الكلام، ويكثرون من الاعتذار ويخافون جرح المشاعر ولو كان الأمر على حساب مشاعرهم، ويبدون أمام الآخرين ضعفاء ومساكين ومهزومين، لكنهم في الحقيقة أرواح جميلة تملك من القوة ما يعينها على تحمل حياة قاسية تنضح بالمادية وتخلو من العاطفة! والعاطفة نصف احتياجات الإنسان، وهؤلاء ليسوا ضعفاء ولا مساكين ولا مهزومين، وكل ما في الأمر أنهم يريدون عيش الحياة لا اللحاق بها!

يكتفون بشيء جميل واحد للعيش من أجله: حب... عائلة... صداقة... راحة... طمأنينة... أيًا كان! ويكفيهم شيء واحد لتذوق السعادة على عكس كثيرين! فقد وصل جشع البشر وطمعهم هذه الأيام عنان السماء يا سارة، ونسوا شيئًا مهمًّا رغم بساطته، نسوا أن المرء يستطيع العيش بسعادة إذا نال شيئًا واحدًا جميلًا، فالناس ليسوا بحاجة لأشياء متكدسة أمامهم تشتت سعادتهم! ويستطيع المرء الشعور بالسعادة وعيشها مع أبسط الأشياء، كم تبدو الحياة من هذا المنظور سهلة وفي قمة البساطة؟!

لا أدري إن كنت مخطئًا أم لا، ولكنني مقتنع بهذه الفلسفة تمامًا، وأشعر حيالها بالرضا وبالراحة؛ وللأمانة، صرت أستمتع بالحياة في الآونة الأخيرة، وصرت قادرًا على رصد الجمال؛ ظننت أنها لحظة تنويرية أخرى، ولكني كنت مخطئًا.

سارة، أنا سعيد! أجل، سعيد جدًّا، وقلبي يقفز فرحًا داخل صدري. فقد وجدت أخيرًا من أريد العيش من أجله، ومن أريد الاستمتاع معه بكل جزء من الثانية والدقيقة والساعة، ومن أريد منه البقاء إلى جانبي أيامًا وأسابيع والعيش معه سنين طويلة. وجدتك أنت يا سارة، أنا أحبك، وليت هذه الكلمة تنصف حبي لك يا عزيزتي!

أعدت قراءة رسالتي مرة أخرى! فوجدتها بلا معنى، وبدت لي مبهمة، ولكني لن أحذف شيئًا منها. أريدك أن تقرئي أفكاري كما هي يا سارة، وأريد أن أتحدث بكل حرية، وأريدك أن تسمعيني وتعرفيني كما أنا دون أقنعة تخفي هويتي ودون مجاملات.

انتبهي لنفسك عزيزتي... واحرصي على البقاء دافئة طوال الوقت، ونامي جيدًا، ولا تشغلي بالك بالتفكير. سيكون كل شيء على ما يرام بإذن الله، والأهم أن تطمئنيني عن حالك وعن والدتك في كل رسالة، واذكري لي كل التفاصيل دون أن يفوتك أي أمر ولو كان بسيطًا.

أنتظر ردك بفارغ الصبر...

محبك للأبد... خالد

21 مارس 2020

إلى خالد...

كم اشتقت إليك يا خالد ولرسائلك وكلماتك المجنونة. لم أعد أطيق الحياة دونهما! ليتني أستطيع أن أصف لك الأثر الذي تتركه رسائلك في داخلي، وليتك تعلم كيف يصبح عالمي موحشًا ومظلمًا عندما تغيب عنه يا خالد...

لا أدري لِمَ أبكي الآن؟! تنهمر دموعي بغزارة، ولكنها دموع فرح وسعادة! أؤكد لك ذلك، أنا سعيدة، بل قلبي يطير فرحًا كعصفور مبتهج من السعادة. لقد عاهدتَ نفسك بأنك لن تهدأ حتى تراني سعيدة، ولكنني أقسم لك بأنني في غاية السعادة الآن يا خالد، أجل حتى أنني لا أكاد أصدق ما أقول! ولك الفضل بعد الله في سعادتي يا خالد.

لا أدري لِم ذكرت أنك بعد أن قرأت رسالتك بدت لك مبهمة وبلا معنى؟! لقد فهمت كل ما كتبته وبوضوح ساطع كالشمس، فهمت كل كلمة ذكرتها وشعرت بها أيضًا، بل إن رسالتك جعلتني أدرك شيئًا مهمًّا جدًّا... أدركت أنني أيضًا وجدت من يستحق أن أعيش من أجله، ومن يكفيني وجوده لأشعر بالسعادة؛ وأنا لا أريد غيره... لا أريد من الحياة غيره... يكفيني وجوده إلى جانبي فقط! إنه يمدني بسعادة مطلقة لا يمنحني إياها أي أمر آخر تقدمه الحياة لي، أدركت يا خالد أنك أنت الوحيد الذي أريد...

هناك أمور أخرى أضافت سعادة إلى سعادتي، لقد وعدتني الدكتورة مريم بأنها ستأخذني لزيارة أمي، أتصدق ذلك؟! سأرى أمي اليوم يا خالد، وأنا متحمسة جدًّا، اشتقت إليها كثيرًا، وكذلك اطمأن قلبي على حالك، وتأكدت الآن أنك في صحة جيدة. هناك أمر آخر، لقد صار عندي صديقة جديدة،

أنا والدكتورة مريم أصبحنا صديقتين؛ لا أدري كيف تغلبت على خجلي؟! وأظن أن الفضل في ذلك يعود إلى مريم؛ إنها تملك شيئًا مميزًا في شخصيتها... يجعلك تعتاد عليها ما إن تتحدث معها. اختفى خجلي تمامًا منذ لقائنا الثاني، وصرنا نقضي الوقت معًا وكأننا نعرف بعضنا منذ سنين. إنها تستغل أوقات راحتها لتجلس معي! أنا أحبها كثيرًا، وقالت لي اليوم مستخدمة لغة الإشارة إنني أصبحت صديقتها المفضلة! رغم أنها لا تجيد استخدام لغة الإشارة إلا أنني فهمتها، لقد جعلتني أقفز من الفرح عندما أخبرتني بأني أصبحت صديقتها المفضلة، لا أدري أين ومتى تعلمت طريقة إخباري بذلك؟! ولكنني سعيدة لأنها تذكرتني وتعلمت الإشارات كي تخبرني ذلك! إنها امرأة رائعة، وسأبقى على تواصل معها بعد أن أغادر المستشفى. ولن تصدق يا خالد! لقد وعدتني بأن تزورني في منزلي وأن تحضر لي الرسائل حتى نقرأها سويًّا. لا تغضب مني أرجوك، فقد أخبرتها عنك، أخبرتها بكل التفاصيل. أعلم بأنك محرج الآن، ولكنها صديقتي فلا تقلق.

لقد حسمت أمري، سأعود إلى المستشفى ما إن تنتهي هذه الجائحة، وسأبدأ بجلسات العلاج كي أستعيد نطقي مرة أخرى. أنا متفائلة يا خالد هذه المرة، وأشعر بأنني سأنجح، بل أنا واثقة من أني سأنجح، نعم وأكاد أجزم لأني أملك الإرادة هذه المرة. سأتمكن من الكلام حتى نتحدث في جولاتنا المقبلة. لا أصدق نفسي، أشعر بالحماس يغمرني عندما أفكر بأني قد أتمكن من الكلام مرة أخرى والضحك والمزاح وإخبار القصص وتبادل أطراف الحديث معك ومع أمي والدكتورة مريم، لا أصدق بأني قد أتمكن يومًا من إخباركم بمشاعري والبوح بكل ما يجول في خاطري، وسأطلعكم على أسراري وما يختبئ بين جنباتي من أفكار وهواجس بكلمات مسموعة تصل إليكم بكل سهولة! ستكون أيامنا أجمل، وسأبذل كل جهدي حتى أتمكن

من النطق مرة أخرى، وأنت ستكون إلى جانبي وستدعمني، أعلم ذلك. أنا سعيدة يا خالد، وأبتسم الآن؛ أريد أن أقفز من فوق سريري، وأصرخ بأعلى صوتي كالمجنونة!

لكنْ هناك أمر غريب يحيرني، وكنت أنتظرك بفارغ الصبر لأطلعك عليه؛ لا أدري ما الذي حدث لي أخيرًا، ولكنني أشعر كأنني قد مزقت قوقعتي وخرجت منها تمامًا!، أشعر بأن خجلي المفرط وغير الصحي قد تلاشى واختفى من حياتي! صرت أبتسم للجميع تلقائيًّا ما إن أراهم، وأصبحت أنا من يبادر في التواصل مع الممرضات في كل مرة يقبلن لمعاينتي! أشعر بالراحة عندما أكون بصحبتهن وأستأنس عندما أكون بينهن. اختفى التوتر وعدم الارتياح الذي كان يشلني في السابق إذا ما وجدت نفسي بين مجموعة من الفتيات! كأنني صرت أملك القوة والشجاعة والثقة للحديث وإبداء الرأي. وما زلت غير مصدقة أنني أفكر بأن أحضر لهن مقلبًا مضحكًا عندما يزرنني في المرة المقبلة. لا أدري من أين أتتني هذه الجرأة يا خالد؟!

ولكنني سعيدة ومتفائلة جدًّا ومقبلة على الحياة؛ لم أعد أملك الصبر لأنتظر حتى أخرج من هنا، هناك أمور عديدة أخطط للقيام بها ما إن نخرج بإذن الله، ولكن قبل كل شيء أود العودة لزيارة الطاقم الصحي هنا مع باقة ورد وشكر عميق مني لهم، إنهم يبذلون جهودًا جبارة، والجميع هنا يقوم بأعمال بطولية، إنهم فعلًا أبطال! ولن أنسى أبدًا صديقتي مريم، أنها امرأة طيبة تشبه الملائكة حقًّا، لن أوفيها حقها أبدًا مهما فعلت من أجلها!

اشتقت لمنزلي، وحزنت كثيرًا على الأرنب، ولست أدري إن كان ما يزال حيًّا؟ تركته كل هذا الوقت بلا طعام أو شراب! اشتقت للشرفة أيضًا وللساعات التي كنت أقضيها جالسة هناك أراقب حركة الناس مع غروب الشمس وأنا مستغرقة في أفكاري وأحلامي ومنشغلة بتساؤلاتي التي لا تنتهي.

لقد كان لك النصيب الأكبر من تفكيري ووقتي الذي أمضيه على الشرفة منذ أن عرفتك. أجل، لا تستغرب، كنت أنتظرك حتى تعود كل مساء، كنت تبدو مرهقًا في بعض الأحيان، وفي أحيان أخرى كنت تسير نحو مدخل البناية بخطوات ثقيلة، وكأنك لا تريد العودة إلى شقتك! كنت أتخيلك وأنت تكتب لي، وأسلِّي نفسي بتوقع ما ستخبئه رسائلك لي من جنون ودفء ومحبة.

ما زلت أذكر كيف بقيت مختبئة في غرفتي أداري إحراجي الشديد بسببك أيها المجنون، في ذلك الصباح عندما أوقفتني في الشارع قرب البناية وبدأت تصرخ في وجهي وتلاحقني بالأسئلة المحملة بنوع من العتاب، أصابني الإحراج وقتها إلى درجة أني تمنيت لو أن الأرض تنشق وتبلعني. ورغم الإحراج شعرت بمقدار من السعادة، ليس لأنك كنت غاضبًا ومستاءً، حاش لله، ولكن تبين لي بجلاء في تلك اللحظة أنك تريدني حقًّا وأنك مستعد لتعريض نفسك للخطر والإحراج وسط الشارع من أجلي، وهذا الأمر كان سبب سعادتي. هل تفكر بي طوال الوقت يا خالد حقًّا، كما ذكرت في رسالتك السابقة؟!، ليتك تخبرني، وليتك تخبرني أيضًا بما تفكر به كلما خطرت على بالك. أرجوك حدثني في رسالتك القادمة عن هذا!

لقد قطعت على نفسي عهدًا أنا أيضًا، ولن أسمح للوحدة بأن تنال منك يا خالد! سأبذل جهدي كي لا تشعر بالوحدة مرة أخرى، سأكون دائمًا إلى جانبك وسأفعل ما بوسعي كي أضمن سعادتك، ولن أسمح بأن ينتابك ولو لدقيقة الشعور بالوحدة أو التعاسة، أو أنك ضائع في عالم موحش! لن أسمح لتلك المنغصات أن تقترب منك، وسأحرص على سعادتك كحرصك على سعادتي؛ سنتشارك أحزاننا وهمومنا، سنتشارك أفراحنا أيضًا، ويتقبل أحدنا عيوب الآخر، وسنتفهم بعضنا بعضًا، وسنكون على استعداد لمساعدة بعضنا عند الحاجة، وسنستند إلى بعضنا عند التعثر، وسيواسي كل منا الآخر إذا

احتاج للمواساة، وسأكون لك كما تريدني يا خالد، وأنا موقنة بأنك ستكون لي كما أريدك. أعدك يا خالد، بأنني سأفعل كل ما يتطلبه الأمر كي تكون سعيدًا مطمئنًا في حياتك معي، فأنا أعلم جيدًا في صميم نفسي بأنك تحتاجني فعلًا كما أحتاجك.

أنت أجمل ما حدث لي في حياتي يا خالد، لقد أعدت لي الحياة وجعلتني أراها جميلة من جديد، صرت الآن أرغب بالعيش والشعور بالحياة! أتوق للعودة إلى سارة القديمة التي ظننت بأني فقدتها للأبد، الآن أشعر بأنني أملك الحافز للقتال وتخطي العقبات التي تعترض طريقي. أشعر بأني أصبحت قوية والفضل يعود لك بعد الله يا خالد، لا أدري كيف ستكون حياتي من دونك، أدعو الله دائمًا أن يحفظك ويبقيك لي، فأنت لا تغادر فكري وقلبي أبدًا، أنت دائمًا معي يا خالد... دائمًا.

ملحوظة: أرجو منك أن تسلم مفتاح منزلك لمريم حتى تحضر بقية الرسائل.

جارتك في السكن وفي المستشفى... سارة

22 مارس 2020

إلى حبيبة قلبي سارة

وعدت نفسي قبل الكتابة ألَّا أطيل الكلام! أنا في الحقيقة أبذل جهدي في كبح جماحي الآن، ولكن قلبي يأبى الاحتفاظ بما يكتمه، ويصر على الانفجار! آه يا سارة... ملأني الطمع والجشع... نعم! أريد أمرًا وأرغب به بكل جوارحي، وروحي تصبو إليه يا عزيزتي. أتعلمين تلك الكلمة التي تتوِّج المشاعر؟! الكلمة التي تختزل كل العاطفة؟! أريد سماع هذه الكلمة منك يا سارة!

هل خدعني قلبي الأحمق مرة أخرى، أو أنك قصدت ما قلته لي؟! سامحيني، أعلم أن كلمة كهذه لا تطلب بل تهدى، ولكن ألم أقل لك سابقًا إنك كل ما أريد؟! إن قلت لي تلك الكلمة وكانت نابعة من قلبك، حتى وإن كنت أنا من طلبها! فهذا يعني أن القدر قرر إسعادي يا سارة... قرر إعطائي ما كنت أحتمل ضنك العيش من أجله.

آه يا سارة، أكاد أفقد عقلي، أريد ترك هذا السرير المزعج ونزع تلك الأنابيب عني، وهذه المرة بلا مزاح أو مبالغة، أرغب بتحطيم الأبواب الفاصلة بيننا؛ نعم، أود سماع هذه الكلمة، فنطقها بمثابة إعلان شراكة جديدة بين روحين متفاهمتين! صارت الدقيقة دهرًا يا عزيزتي، لم أعد احتمال البقاء هنا أكثر، أريد انتزاعك من تلك الغرفة والتحليق بك بعيدًا في السماء يا سارة، أنا وأنت فقط، لا أحد غيرنا. أتشوق إلى أن أبوح لك بكل ما يختلج في قلبي، وأود إطالة التحديق في قسمات وجهك الملائكي، والتأمل في عينيك الخضراوين، ورسم البسمة على وجهك. أريدك سعيدة إلى جانبي، والسير برفقتك طوال الليل في طرقات دبي، يدي بيدك. آه يا سارة، ما أريد أن

نتشارك به لا حصر له... أريد أن أجدك في كل مرة أحتاجك... أريد أن أكون إلى جانبك في كل مرة تواجهين فيها قسوة الحياة... أريد أن أكون من يمسح دمعتك... أريد أن أكون من يشاركك فرحتك ويسعد بنجاحك ويضحك عندما تضحكِين... أريد... وأريد... وأريد...

سألْتِني إن كنت أفكر بك طوال الوقت؟! أنا لا أفكر بك طوال الوقت، بل لم أعد أفكر بأحد سواك!! صدقيني، أنت تعيشين في فكري ووجداني دومًا، أشعر في بعض الأحيان يا سارة أنك لم تعرفي حجم حبي لك بعد! ليتني أستطيع إيجاد آلة تقيس مقدار حبي لك حتى أريك مدى شعوري نحوك يا حبيبة قلبي. آه... ها أنا قد فقدت السيطرة على نفسي مرة أخرى، فاعذريني رجاءً ولا تلومي قلبي يا سارة، إنه مولع بك، وتكاد الفرحة تخنقه. سأختصر، وأرجوك يا سارة، دعي عنك الخجل والحياء للحظة فقط، ثم عودي كما تريدين بعد أن تجيبيني، إن كنت فهمت قصدك في رسالتك الأخيرة، فأنا أريد سماع تلك الكلمة، قوليها لي يا سارة وأريحي قلبي أرجوك.

محبك للأبد... خالد

23 مارس 2020

إلى خالد

أنا خائفة يا خالد، أمي مريضة جدًّا، عرفتني بصعوبة حين زرتها! لم تستطع التحدث معي من شدة ألمها، وصوتُ أنفاسها مخيف يا خالد، تبدو كأنها تتنفس من ثقب إبرة! أرجوك يا خالد أن تحضر حالًا، أتوسل إليك، فأنا عاجزة! لا أدري ما الذي يجدر بي فعله؟! وجهها لا يغادر تفكيري، وقد بدت منهكة جدًّا والعرق يتصبب منها.

يا إلهي، لا أدري ما الذي سيحدث لي إن أصابها مكروه لا قدر الله، أرجوك يا خالد تعال فورًا، لا تتأخر... سأُجنُّ إن بقيت وحدي! تحدثْ مع إدارة المشفى... أقنع المسؤولين... قل لهم أي شيء... قل لهم إني بحاجة إليك. أرجوك أسرع يا خالد، أكاد أموت من الخوف، لا تتركني هنا وحيدة، رد عليَّ بأسرع وقت، سأنهار لا محالة إن انتظرت طويلًا يا خالد.

ما رأيته يفوق قدرتي على التحمل! إنها أمي يا خالد، الممددة على ذلك السرير، منهكة جدًّا وتئن من الألم بلا توقف يا خالد! بالله عليك أن تأتي في أسرع وقت، أنا مرتعبة، وما زال صوت أنفاسها يطن في رأسي، وقلبي منقبض.

أشعر بأن أمرًا سيئًا على وشك الحدوث! أنا بانتظارك، وأعلم أنك ستأتي. أنت تحبني، لهذا لن تتركني، وأنا متيقنة من ذلك، أرجوك لا تتأخر يا خالد...

سارة

25 مارس 2020

سارة

أقسم لك بأني سأكون إلى جانبك قريبًا يا عزيزتي، وإياك والقلق! سأجد طريقة للحضور، ولن أهدأ حتى يسمحوا لي بزيارتك، أمهليني قليلًا من الوقت فقط، وسأجد وسيلة ما لإقناعهم بمنحي الإذن لزيارتك، ثم آتي إليك على وجه السرعة يا سارة، دعي عنك التفكير ولا تخافي، سنتجاوز هذه المحنة، ثلاثتنا بإذن الله، أعدك...

من الآن وحتى أصل إليك يا سارة، أريد منك أن تهدئي، حاولي منع نفسك من التفكير حتى لا تذهب بك أفكارك إلى استنتاجات مظلمة؛ استجمعي قوتك ولملمي شتات نفسك. عهدتُكِ قوية يا سارة، وأنت فعلًا قوية، يجب أن تتماسكي وأن تتحلي بالتفاؤل حتى لا يؤثر قلقك على صحتك يا عزيزتي. لا أحتمل رؤيتك تعانين، ولا أريد للقلق أن يتمكن منك.

سآتي إليك، ولن أتركك يا حبيبتي، وسأبقى إلى جانبك حتى نتخطى هذه المصيبة التي حلت على رؤوسنا، وسأحميك بحياتي يا سارة، ثقي بي... لن أسمح لمكروه أن يصيبك مهما عظم. والدتك صلبة وقوية يا سارة، وأنا واثق من أنها ستتخطى المرض قريبًا، وكذلك نحن، لذا عليك أن تكوني قوية حتى نخرج من هنا، ونعود إلى حياتنا التي تركناها خارج المشفى.

هيا يا عزيزتي دعي عنك القلق وتماسكي حتى أصل...

محبك للأبد... خالد

25 مارس 2020

إلى خالد

لا أدري كم من الوقت قد مرَّ، ولكني أشعر بالهدوء وبنوع من السكينة والاستسلام بعد معاناة طويلة من العصف الفكري الذي كاد يصيبني بالجنون! رأيت أمي كثيرًا وتحدثت معها، لا أدري إن كانت لقاءاتنا في الحقيقة أم في أحلامي، أو ربما كانت هلوسات بفعل الحمَّى التي لازمتني كظلي وقتًا طويلًا! ما زالت الحرارة ثابتة على ما هي عليه 40- درجة- ولكن يبدو لي بأني اعتدت عليها! أما ذلك الألم المنتشر في كل أجزاء جسدي فإنه منهك جدًّا! أنا مرهقة تمامًا، ومضغ الطعام صار يتطلب مني مجهودًا عضليًّا جبارًا! تناولت الإفطار وكان حساءً دافئًا وقطعة صغيرة من الخبز، ولكني لم أستطع تحديد مكونات الحساء! فقدت حاسة التذوق بالكامل وهذا عارض من أعراض الوباء أيضًا بحسب ما قالت لي مريم!

لن أخفي عليك، فقد مررت بنوبات كثيرة من الصراخ والبكاء، ومررت بلحظات فقدت فيها الوعي وتمكنت منِّي الهلوسات، وهذا ما حدثتني عنه الممرضات بعد أن استعدت وعيي! تمنيت الموت بصدق! لم أستطع الاحتمال أكثر، وغمرتني مشاعر مختلطة، وكدت أنهار أكثر من مرة، وكدت أفقد عقلي، ولكنك كنت تظهر لي مبتسمًا في قلب تلك الدوامة التي كانت تقتلع أعماق روحي يا خالد؛ وأراك تمد يدك نحوي وكأنك تقول: «لا تقلقي يا سارة، أنا معك، ولن أتركك أبدًا!»

رأيت أمي أيضًا ترتدي لباسها الأبيض وكأنها ذاهبة للعمل، وتودعني بابتسامتها المعهودة. كم كانت ابتسامتها جميلة يا خالد! كانت سعيدة، وكانت واثقة من أني قوية وقادرة على اجتياز هذه المحنة. ظننت أنها تحسبني ضعيفة

وغير ناضجة وغير قادرة على الاعتماد على نفسي، وقد كان ظني في غير محله يا خالد! كانت تنظر إليَّ بفخر، وبدت لي مطمئنة، وكأنها تعلم بأنها ربت فتاة قوية ستجتاز أي عقبة. كنت واثقة من أنها كانت تتباهى بي أمام الجميع... أجل.

تلك الصور في خيالي، لك ولأمي، أعانتني على احتمال تلك اللحظات العصيبة، والتي لا أعلم كم من الوقت قد دامت! كنت أشعر أحيانًا أن الساعات تجري كالثواني، وكأن الحياة تنسل من بين يديَّ بسرعة فائقة، وكأنه لم يتبق لي إلا لحظات حتى تفارقني روحي! وأقسم لك أنني في أحيان أخرى ظننت أن الزمن توقف، وأنني أسيرة في قفص من العذاب والوحدة والخوف، فيما يسكن جسدي ألمٌ لا يطاق!

لقد كانت فترة عصيبة، كأن المصائب قد تجمعت لتسقط على رأسي مرة واحدة! لا أدري إن كنت قد تجاوزت المحنة، أو قبلت التعايش معها، أو ما الذي يحصل لي بالضبط؟!

أنا ما زلت غير مصدقة! رغم أني وضعت أمي بيديَّ هاتين في تلك الحفرة! رغم إني ودعتها الوداع الأخير! إلا أنني أنتظرها كل صباح لتفتح الباب وتقبل عليَّ لتقبلني وتعانقني كما كانت تفعل دائمًا! أشتاق إليها وأهم لإخبار مريم عن رغبتي في زيارتها، فتقفز صورتها إلى ذهني وهي مكسوة بقطعة القماش البيضاء، عندئذٍ أشعر كأنها قد توفيت الآن، فأبكيها وينفطر قلبي من جديد، مثلما حصل لي حين علمت أنها فارقت الحياة. وبعد أن أنسى اللحظة تلك، ويخف الألم، أستعيد شوقي إليها مرة أخرى، فأدرك أنها توفيت! أنا عالقة في حلقة مغلقة يا خالد، وما زلت غير قادرة على كسرها.

لا أصدق ولا أريد التصديق أن أمي قد ماتت... كلا! لا يمكن لهذا أن يحدث يا خالد، هناك شيء ما خاطئ، ربما ما زلت أعيش كابوسًا مزعجًا

أو ربما هلوسة أخرى من هلوساتي؟! ولكن أن تكون قد فارقت الحياة فعلًا؟! فهذا شيء لا مقدرة لي على تقبله. أكره نفسي عندما أتذكر أني أهلت التراب عليها حتى حجب وجهها عني يا خالد! أشعر بتأنيب الضمير لأنني تركتها في المقبرة! ما كانت أمي لتفعل كما فعلت لو كنت أنا المتوفاة، بل كانت ستبقى هناك ليالي لتواسيني، وربما تبيت بجوار قبري وتأكل وتشرب عند رأسي. لا أحتمل فكرة أنني لن أرى وجهها بعد الآن، ولن أسمع صوتها، ولن أستطيع تقبيلها؛ ليتني قبلت وجهها ويدها وقدمها عندما سنحت لي الفرصة بذلك... ليتني عانقتها لساعات طوال يا خالد... ليتني أخبرتها مرارًا وتكرارًا عن مدى حبي لها وامتناني لوجودها في حياتي... ليتني قضيت معها مزيدًا من الوقت... ليتني لم أغضبها... ليتها لم تمت!

ظننت فعلًا أن الحياة قد انتهت حين كنا في المقبرة، بل لم أفكر في الخروج منها وكأني سأبقى هناك للأبد. لا أدري كيف أصف لك ما كنت أشعر به في ذلك الوقت، كأن كل شيء قد توقف، الحياة والزمن وعقلي، فلم أجرؤ على التفكير. كل شيء بدا جامدًا، وكأنني وقعت في هوة مظلمة وباردة! لم أكن أسمع أو أرى أو أشعر بما يدور حولي. كنت أسير مرغمة وأنا متشبثة بيدك كيفما توجهت يا خالد، كنت رافضة لكل ما يحصل هناك! لم أكن أريد المشاركة في مراسم الدفن، ووددت لو أتمكن من الفرار، لأن المشاركة ستكون اعترافًا مباشرًا مني بأن أمي قد توفيت فعلًا! لم أكن أريد حدوث ما حدث! كيف تريد مني أن أصدق؟ وكيف تريد مني أن أكون جزءًا مما يحدث وأرفضه؟ أن أودع أمي إلى الأبد، وأن أعترف بأني لن أراها أبدًا ما دمت على قيد الحياة!

ظللت أمسك بيدك، وألقي كل حملي عليك يا خالد؛ علمت في هذا المصاب ما تعنيه كلمة المشاركة! نعم، شعرت للمرة الأولى بمعنى المشاركة.

لقد خففت عني الحمل يا خالد، ولم تكن مرافقتك لي في المقبرة كل ما فعلته! كلا... بل لقد شاركتني مصيبتي ورفعت عن كاهلي وزرًا ثقيلًا كاد يقتلني لولا وجودك إلى جانبي؛ وحين اقتربنا من الحفرة، سمعت حشرجة أنفاسك العالية لأول مرة، نظرت إليك ورأيت وجهك شاحبًا ويقطر عرقًا، فأيقنت بأن أعراض الوباء قد ظهرت عليك! انتابني فزع رهيب، ووجدتني أضغط على يدك وأبكي بكاءً مزق قلبي. خفت أن أفقدك أيضًا، وجدت نفسي أمام مصيبة جديدة!

ربما ظننت بأنك نجحت في إخفاء مرضك عني بتلك الابتسامة المنهكة وكلمات المواساة، وربما ظننت بأنك خدعتني عندما سمحت لي بأن أرخي حملي كله عليك في أثناء سيرنا، وأنت قادر بصعوبة على حمل نفسك! لكن صدقني ما إن رأيت وجهك حتى كشفت ادعاءك، لن أنسى لك هذا الموقف ما حييت، وسأبقى ممتنة لك العمر كله، ومهما فعلت لك في المقابل فلن أوفيك حقك يا خالد. وددت أن أشكرك ولكني عجزت بسبب إعاقتي اللعينة، لم أكره إعاقتي يومًا مثلما كرهتها في تلك اللحظة! أعلم أني بدوت كطفلة صغيرة وضعيفة هناك، ولكن كيف لي أن أصمد في وجه مصائب متتالية كهذه يا خالد؟!

كادت العبرات تخنقني، وكدت أنفجر، ووددت لو يأتيني الموت حينها ويخلصني من ذلك الشعور القاتل! وفيما أنا غارقة في هذا العذاب الذي لا أتمناه لأحد، وجدت رأسي يلتفت نحوك يا خالد دون أن أشعر بنفسي. عندها دخلت في نوبة بكاء ليست كأي نوبة بكاء عرفتها؛ كنت حزينة، لكنَّ حزني كان مريحًا! لا أدري كيف؟! ولكن هذا ما كنت أشعر به، وكأنني أفرغ شيئًا كان يعتصر أضلعي بقوة ويضغط على قلبي. أشكرك لأنك تركتني أبكي ولم تبدِ أية ردة فعل! وفي الحقيقة، أني شعرت ببصيص أمل وأنا أبكي أمامك،

شعرت بأن هناك منارة أمان أستطيع اللجوء إليها كلما عصفت بي رياح الحياة وقذفتني أمواجها وحِدْت عن طريقي... شعرت بأنه ما زال لي مكان في الحياة... نعم، شعرت بأني لم أفقد كل شيء بعد.

أرجوك يا خالد، لا أصدق غيرك، ولا أثق بأحد غيرك، ولم يتبق لي إنسان سواك. أرجو منك أن تعدني بألَّا تتركني أبدًا مهما حدث، وأن تبقى معي حتى آخر عمرنا. عدني وسوف أصدقك فورًا، قلها لي حتى يطمئن قلبي، طمئني بأنك ستبقيني إلى جانبك مهما حصل. قل لي إننا سنتجاوز هذه المحنة، وأعدك بأني سأصدقك. عدني بأنك ستعيد إليَّ الفرحة من جديد، وبأننا سنحظى بحياة جميلة ما إن نخرج من هنا... عدني يا خالد... أنا أنتظرك...

سارة

10 أبريل 2020

إلى قرة عيني سارة

هناك فراشة صفراء لا تنفك تزورني بين الحين والآخر يا سارة! لا أدري كيف وجدت سبيلها للولوج إلى غرفتي! ترفرف في أرجائها برهة ثم تحط بكل جرأة وشجاعة في مكانها... مكان اتخذته لنفسها واعتادت عليه! لم تغير موقعها منذ أن بدأت زياراتها لي في الأيام الأخيرة يا سارة؛ تحط على ركبتي اليمنى، وتحدق بي بعينيها الشبكية بثبات فيما تفرد جناحيها بين الحين والآخر؛ ينتابني شعور جميل، شيء من الراحة والسلام، وأشعر بأني أتحرر من هذا الجسد المنهك بالحمى والألم في كل مرة تزورني فيها، وكأنني أقع تحت تأثير أمر مبهم ورحيم، وأنا أنظر إلى هذه الفراشة الجاثمة على ركبتي بخفة!

تعود أنفاسي للانتظام مرة أخرى، وترتخي رئتاي المسدودتان اللتان تصارعان لإدخال أقل قدر من الهواء إليهما، وأشعر بانبساط عضلات جسدي على السرير، ويهدأ روعي ويعم السكون أنحاء جسدي، وتثقل عيناي لأعبر إلى عالم آخر! عالم يقع بين الواقع والحلم، لا أدري كم ألبث فيه قبل أن أغط في نوم عميق؛ وتمدني تلك اللحظات بطاقة تعينني على احتمال ما سيأتي من ألم وحمى وضيق نفس فور استيقاظي! والغريب أني لم أجد تلك الفراشة ولو مرة واحدة عند استيقاظي، عادة ما تكون قد غادرت أو ربما اختفت أو اختبأت، ولا أدري ماذا حل بها! أتمنى ألَّا تكون الفراشة مجرد هلوسة ابتدعها عقلي الذي أعيته الحمى؟! ولا أدري إن كانت الفراشة تزورني كل يوم فعلًا؟ أم أن الحمى قد أوهمتني بذلك؟! تلك الهلوسة التي تخدعني بأنها امتدت لأيام، لكنها في الأصل لم تتجاوز ساعات عدة!

لا أدري يا عزيزتي لماذا أخبرك بذلك؟ ولكن ربما في أعماقي أتمنى لو أن الفراشة تتركني وتحلق إليك، علَّها تخفف عنك ألمك وتواسيك وتعينك على تحمل ما أنت فيه من كرب.

ليت شيئًا مما حدث لم يحدث، ليتننا ما زلنا جيرانًا نتبادل الرسائل، ليت الزمن يعود بنا إلى الوراء، يا ليت... ويا ليت... ويا ليت! أمانينا كثيرة، ولكن القدر أعد لنا خططًا أخرى، ولا نملك إلا أن نرضى ونتقبل ونستمر في العيش يا قرة عيني...

أود التخفيف عنك، ولكني أعلم أن مصابك أعظم من كل الكلمات. أريد فعل أي شيء يساعدك ولكنني عاجز يا سارة، أكره نفسي عندما أعترف بهذا الأمر ولكنها الحقيقة، أنا عاجز عن مساعدتك، كل ما أقدر على فعله هو رجائي لك أن تتماسكي يا سارة، وأن تبذلي جهدك للتغلب على ما أنت فيه من مرض وألم الفراق؛ كوني قوية وحققي إرادة والدتك، ربما تنظر إليك الآن من مكان ما، فلا تحزنيها، ابتسمي لها يا حبيبتي ودعيها تعلم بأنك ستتغلبين على هذا الوباء، وستكملين حياتك، وتصبحين كما أرادت دومًا أن تكوني، فتاة سعيدة وقوية تسعى خلف أحلامها.

أود أن أقول لك يا سارة إن كل شيء سيعود كما كان وأجمل! وأود أن أعدك بأني لن أتركك أبدًا، وأريد أن أقسم لك مرة أخرى بأن بالي لن يهدأ حتى أعيد لك فرحتك وبهجتك وسعادتك. أقسم لك بأن هذا كل ما أريده من الحياة يا حبيبة قلبي.

ولكن مع قولي هذا، أجدني أخاطر بأن أصبح كاذبًا في نظرك، وهذا ما لا أريده. فأنا أتنفس بصعوبة يا سارة! أصارع أنفاسي للبقاء على قيد الحياة، ولا أستطيع الصمود لدقائق دون عبوة الأوكسجين! لقد أخفيت عنك أنني أعاني من الربو منذ ولادتي، كذبت عليك، وعذري أني خفت من أن أزيد من معاناتك.

الحمَّى تحرقني، وأشعر بالإرهاق، والألم يتفجر من كل عظمة وكل مفصل في جسدي يا سارة. لم أستطع إنهاء قراءة رسالتك أمس، وخارت يداي وأنا أمسك الرسالة وأتابع قراءتها. لقد اضطرت مريم أن تقرأها لي، وكلانا أخذ يبكي لسبب كامن في داخله يا سارة! أتصدقين أني لم أعد أملك من القوة ما يعينني على رفع ورقة مدة من الزمن، وما يفزعني أن الألم يزداد ولا يخف، وكأنني لم أصل إلى ذروة الأعراض مع هذا الوباء بعد، ولا أدري إن كان جسدي سيصمد أمام هذه الذروة أم لا؟!

أتذكرين ذلك المسن الذي حدثتك عنه؟ لقد فارق الحياة قبل أيام عدة، ترك الدنيا ورحل... مات بعد أن تمكن منه المرض. أنا خائف يا سارة، ليس من الموت نفسه، بل خائف من أن يفرقنا! حاولت الكتابة لك يا عزيزتي مرات عديدة، كنت مشتاقًا لك وبحاجة لوجودك إلى جانبي حتى أطمئن ويزول خوفي، ولكني لم أستطع الكتابة. كانت الأيام الأخيرة أشبه بالجحيم، كانت عذابًا بحتًا! اضطر الطبيب إلى زيادة جرعة المسكن حتى يخف عذابي، وقد ظهر مفعوله، استيقظت هذا الصباح وأنا أشعر ببعض التحسن، وأول ما قمت به هو استئناف الكتابة لك يا سارة.

لا أريد الموت الآن! كلا... أريد أن أمسك بيدك ونتجول معًا... أريد لمس وجهك يا سارة ورسم الضحكة على شفتيك... أريدك لي يا سارة، أريدك أن تنيري حياتي البائسة، أريد أن أمزق جسدي لأخرج منه، فأنا أختنق بأنفاسي وبحسرتي أيضًا.

أكاد أجن، وأبكي بحرقة في كل مرة أشعر أن القدر قد يبعدني عنك يا سارة... أنا لم أذق طعم النعيم قط ونعيمي هو أنت! أنا خائف من ألَّا أراك ثانية، وينخلع قلبي كلما راودتني هذه الفكرة، فأعراض الوباء تصبح كنسمة خفيفة أمام فكرة أنك لن تكوني من نصيبي يا سارة!

حسنًا، دعيني أدخل في صلب الموضوع يا عزيزتي سارة، قبل أن يزول مفعول المسكن وأفقد قدرتي على الكتابة وتنظيم أفكاري...

إن حصل لي مكروه... وتعلمين قصدي...

خالد

12 أبريل 2020

خالد

ماذا؟! إن حصل لك مكروه لا قدر الله؟! لِم لم تكمل جملتك؟! لماذا لست في غرفتك يا خالد؟! ما الذي يحدث، ألن تخبرني بالله عليك؟!

قالت لي مريم إنهم نقلوك إلى غرفة أخرى مجهزة للحالات الطارئة! وقالت إن حالتك مستقرة ولكن وجب أن توضع تحت الملاحظة؟!

رد عليَّ يا خالد، وإياك وأن تتركني معلقةً هكذا، أنا لا أحتمل...

سارة

13 أبريل 2020

خالد

لن أطيل، وأتمنى أن تخرج من غرفة الملاحظة في أسرع وقت. هدأَ قلبي عندما أخبرتني مريم بأن حالتك استقرت وعدت لوعيك يا خالد.

وصدقني، لو حدث لك أي مكروه، فسأموت بعدك مباشرة؛ لا أحتمل العيش من دونك لحظة يا خالد.

أدعو الله أن تتعافى بأسرع وقت... أنا أنتظرك...

سارة

15 أبريل 2020

إلى خالد

طال الانتظار يا خالد، ولم أستطع منع نفسي عن الكتابة إليك؛ اعذرني لقلة صبري، ولكن مرَّ أسبوع دون أن تراسلني أو تخبرني بأي شيء، أرجوك عد إليَّ بأسرع وقت. أنا موقنة بأنك ستتغلب على مرضك وتعود كما كنت وأفضل بإذن الله، ولكن أرجوك لا تتركني معلقة هكذا، قلْ أيَّ شيء، كلمة واحدة منك تكفيني يا خالد.

تزورني مريم كل يوم لتخبرني بأي مستجد، ومع ذلك، أشعر أني بحاجة ماسة لكلمة تكتبها بخط يدك. اشتقت إليك كثيرًا، ولم أعد أملك القدرة على احتمال غيابك وغياب رسائلك عن حياتي يا خالد.

أشكر الله على وجود مريم، لقد كانت وما تزال عونًا لنا، وهونت علينا مصابنا! أريد أن أقول شيئًا حبسته في قلبي منذ أول رسالة وصلتني منك يا خالد، أريدك أن تعلم بما يخبئه قلبي لك يا خالد، أريد أن ألبي طلبك الأخير. لقد سألتني عن كلمة واحدة تتوج كل المشاعر التي أكنها لك يا خالد، وأرجو منك أن تسامحني على تأخري في تلبية طلبك، وأنت تعلم ما الذي حدث وما سبب تأخري في الرد. حسنًا، الكلمة التي تختصر بحور المشاعر في داخلي نحوك يا خالد هي... أحبك... أحبك أكثر مما أحب نفسي... أحبك منذ أن عرفتك يا خالد... أحبك وأكتفي بك وحدك وليس بأحد غيرك.

أنا أنتظرك على أحر من الجمر يا خالد، وأدعو الله في كل لحظة أن تستعيد عافيتك وتعود إليَّ في أسرع وقت. لن أخفي عليك، لقد كاد قلبي أن يتوقف حين علمت بأنك تعاني إلى هذا الحد وأنك مصاب بالربو!

ولولا مريم ووقوفها إلى جانبي، وتطميناتها بأنك ستتخطى المرض، لا أدري ما الذي كان سيحدث لي!

أنا واثقة من أنها تقرأ لك الرسالة الآن، وأشكركِ يا أفضل وأجمل وأحلى صديقة حظيت بها، أشكرك من كل قلبي يا مريم، وأتوسل إليك أن تهتمي بخالد، فهو كل ما أملك، وهو حياتي وسعادتي وأجمل ما في دنياي.

أرجوك يا خالد، اكتب لي ولو كلمة، ولا تتركني هكذا! لم أعد أطيق البقاء دون رسائلك، أنا أنتظرك بفارغ الصبر، وأتمنى لك الصحة والسلامة، واستعادة عافيتك في أسرع وقت ممكن.

حبيبتك سارة

23 أبريل 2020

الرسالة الأخيرة

توفي خالد بعد ثلاثة أيام من تاريخ رسالته الأخيرة... باغتته نوبة ربو حادة في أثناء الكتابة وأدت إلى دخوله في غيبوبة لم يفق منها أبدًا. تمت مراسم الدفن في غياب سارة التي لم تكن على علم بوفاته. اضطررت إلى إخفاء الحقيقة عنها وإخبارها أن خالدًا ما زال على قيد الحياة خوفًا على حالتها الصحية.

لم يتمكن خالد من قراءة أي من رسائلها الثلاث الأخيرة!

تدهورت حالة سارة الصحية بعد أن علمت بوفاة خالد، وبعد عشرة أيام انهارت كذلك وتم نقلها إلى العناية المركزة على إثر مشاكل في القلب، وتعطل مفاجئ لعدد من أعضائها الداخلية... وفي تمام الساعة الثانية من فجر الخميس الموافق 27 أبريل 2020، أعلنت وفاتها بسبب مضاعفات وباء كورونا، وتم دفنها عصر الجمعة إلى جانب والدتها وخالد.

أنا مريم، طبيبة في مستشفى راشد، وكنت المشرفة على علاج سارة، وكنا صديقتين أيضًا، وقد تكفلت بنقل الرسائل بين خالد وسارة.

لن أنكر أني لم أستطع الحفاظ على حياديتي كطبيبة، ورجحت كفة إنسانيتي على مهنتي، واحتجت وقتًا طويلًا حتى أتقبل ما حصل! في شهادة وفاة سارة دوِّن أن المرض سبب وفاتها! ولكنني شاهدة حيَّة على أن هذا المرض لم يكن إلا غطاء يستر السبب الحقيقي!!

إنه حاجة الإنسان إلى الرفقة والمشاركة... حاجة الإنسان إلى روح أخرى تتحد بروحه... حاجة الإنسان إلى الانتماء لكيان أكبر... حاجة الإنسان إلى الشعور بالحب الصادق وبأهميته لدى طرف ثانٍ! ربما ينسينا انغماسُنا

التام في مادية الحياة جانبًا عظيمًا من أنفسنا، إنه جانب لا يتحقق توازننا ولا ارتواؤنا الروحي إلا به! كثيرون منا يتوقفون في مرحلة ما من حياتهم عند ذلك الفراغ المفزع الذي يحسونه في أعماقهم، ذلك الفراغ الذي لا يملؤه شيء مما تزخر به ماديات الحياة! كثيرون منا يعيشون مع ألم وعطش نفسي ونقص يلازمهم كظلهم طوال الوقت، يحرمهم متعة الحياة وجمالها.

لا أدري في أي مرحلة من الزمن تجاهلنا أرواحنا ووضعناها في أدراج التخزين المغبرة، وسعينا خلف أهداف وهمية لمعانها مزيف وينطفئ ما إن تلامسه أيدينا؟! أيقنت أخيرًا أن الحب والصدق والإخلاص والثقة والصحبة وحسن التعامل كلها مجتمعة جوهر السعادة وكنوز الحياة، تعلمت هذا الدرس من سارة وخالد! تعلمت هذا الدرس القيم من أبسط شخصين قد تصادفهما في حياتك، تعلمت منهما أن الكنوز تنقسم إلى قسمين، أحدهما ملموس والآخر لا تراه إلَّا أرواحنا، وكلاهما يكمل بعضهما بعضًا، وإن ظفرت بقسم دون الآخر، فلن يكون كنزًا بل سيكون لعنة عليك، هذه حقيقة السعادة، وهذا هو سر الحياة...

احتجت إلى وقت طويل حتى أتمكن من التعايش مع موت سارة تحديدًا وموت خالد أيضًا، قرأت رسائلهما مئات المرات، وبكيت مئات المرات؛ حسدتهما وتمنيت لو أن البشر ما زالوا يحتفظون ببعض من الصفاء والبراءة مثل سارة وخالد. كانت لي محاولات عديدة كي أجد تفسيرًا يواسيني ويقلل من غيمة الحزن الثقيلة التي حجبت عني السماء.

القدر... لم أفهمه ولن أفهمه... إنه يفوق قدرتنا على الاستيعاب، ولكنه يعطينا إشارات في بعض الأحيان علنا نلتمس منها فهمًا يسكت تساؤلاتنا؛ ربما لم تكن الحياة مكانًا يناسبهم! ربما هم مجتمعون الآن ثلاثتهم! ربما سارة وخالد يسيران الآن معًا في مكان أفضل من مكاننا هذا!

قد يبدو الموت وحشًا مخيفًا، ولكنني بدأت أظن أنه يمتلك وجوهًا متنوعة وبعضها جميل! له وجوه تختلف باختلاف طرقنا في الحياة!

لن أخفي شعورًا بعد الآن، ولن أبخل على قريب بكلمة صادقة، ولن أحرم أحدًا من عاطفة أكنُّها له؛ لن أسمح للحزن أن يسرق وقتًا من حياتي، ولن أدع الألم يعيق تطلعي للحياة، ولن أسمح لأحد أن يكون عثرة في طريق أحلامي... الحياة قصيرة والموت يتربص بنا عند كل زاوية...

مريم

29 مايو 2020